쇼펜하우어

행복은 농담이거나 완전무결한 환상

Original French title: Lâcher prise avec Schopenhauer
by Céline Belloq

쇼펜하우어

행복은 농담이거나

셀린 벨로크 지음 | 류재화 옮김

완전무결한 환상

자음과모음

차례

III 적용하기

환상 너머를 보라

IV 내다보기

살고자 하는 의지를 부정하라

이 책의 활용법

이 책은 여느 철학책과는 다르다. 철학은 우리가 어떤 존재인지 알게 하면서 우리의 삶을 개선하려는 야망 같은 것을 갖는다. 대부분의 철학서는 진실의 문제에 관심을 가지며 이론적 근거를 끌어내는 데 전력을 다하느라 실제 응용에는 그다지 관심을 갖지 않는다. 하지만 이 책은 우리의 삶을 바꾸기 위해 한 위대한 철학자로부터 끌어낼 수 있는 것에 관심을 갖는다. 우리의 실존이나 우리가 그것에 부여하는 의미에 대해 시선을 던지듯 디테일한 우리의 일상 하나하나에까지 시선을 던지면서 말이다.

하지만 이론에 대한 공부 없이 바로 응용에 들어갈 수는 없다. 행복과 그 행복의 만개는 그 자체로 좋지만, 성찰이 있으면 더 좋다. 우리는 자기계발서처럼 듣기 좋은 말만 하거나 쉬운 처방을 주려고 하지는 않을 것이다. 새롭게 '행동'하고 새롭게 '살아가는' 방식은 새롭게 '생각'하고 새롭게 '착상'하는 방식이기도 하다. 우리는 이렇게 기쁨을, 때로는 아찔한 사유의 기쁨을 알게 될 것이다. 아마, 이미, 이로써 우리의 삶은 바뀌고 있는지 모른다.

독자들이 자기 자신에 대해 질문하기 전에 몇 가지 철학적 개념들을 살펴보았으면 하는 이유도 그래서다. 새로운 이론의 도움을 얻어 자기 문제들을 해석해보고 또 구체적인 행동을 통해 그 문제들을 해결해볼 수도 있을 것이다. 생각하고, 느끼고, 행동하는 방식을 바꾼 다음에라야 우리의 삶과 그 의미라는 더 큰 틀에 대해서도 생각해볼 수 있을 것이다. 이 책이 크게 네 부분으로 나뉘어 전개되는 것도 그 때문이다.

I. 진단하기 | **산다는 것은 고통**

먼저 해결해야 할 문제를 정한다. 우리는 무엇 때문에 고통스러우며, 인간의 조건을 결정하는 것은 무엇인가? 우리의 방황과 환상을 어떻게 이해할 것인가? 우리의 문제를 잘 알아보는 것만으로도 이미 그 해결을 위한 첫걸음을 뗀 것인가?

II. 이해하기 | **살고자 하는 의지의 분출**

이해한 것을 깨우치는 데 있어 철학은 어떤 새로운 것을 가져다줄 수 있는가? 우리의 인생을 손에 쥐기 위해 인생을 바라보는 방식에 있어 무엇을 근본적으로 바꾸어야 할까? 여기서 독자들은 가장 혁신적인 철학적 테제들을 접할 것이고, 이로써 자신에게도 새로운 시선을 던질 수 있을 것이다.

III. 적용하기 | 환상 너머를 보라

인간에 대한 이런 새로운 견해가 행동하고 살아가는 방식을 어떻게 바꿀 수 있을까? 우리의 새로운 철학을 일상생활에 어떻게 적용할 수 있을까? 우리의 생각이 우리의 행동을 변화시키면 우리 자신 또한 변화할 수 있을까? 독자는 여기서 일상생활에 응용할 일종의 비법을 찾게 될 것이다.

IV. 내다보기 | 살고자 하는 의지를 부정하라

끝으로 우리는 조금 더 형이상학적이고 사변적인 철학적 견해를 제시할 것이다. 만일 여러분이 일상생활에서 자신의 삶을 더 잘 관리하는 법을 배웠다면, 이제 남은 것은 자신의 경험을 총괄할 더 거시적인 의미를 발견하는 일이다. 앞선 장들이 더 잘 살기 위한 방법을 가르쳐주었다면, 이제 남은 장에서는 실존하는 목적과 그 궁극성이라는 문제를 마주할 것이다. 세계와 그 세계가 차지하는 위상에 대한 거시적이고 형이상학적인 관점 없이는 이런 문제를 어떻게 보아야 하는지 잘 모를 수 있다.

이 책은 단순히 '읽는' 책이 아니라 '하는' 책이다. 당신의 삶에서 일어나는 세세한 문제들이 장마다 명제처럼 제시될 것이다. 수동적으로 있지 말라. 소매를 걷어붙이고 당신이 살아온 삶에 대해 질문하라. 그리고 적절하고 타당한 답을 끌어내라. 구체적인 연습을 통해 철학적 교훈을 당신의 삶에 실행하라. 그 교훈을 당신의 것으로 만들고 시의적절한 상황을 찾아보며 진지하게 그것을 실천하라.

여행을 떠날 준비가 되었나? 여러분은 놀랄 수 있고, 이따금 따분할 수 있고, 충격을 받을 수도 있다. 동요할 준비가 되었나? 새롭게 생각하고 새롭게 살아가는 방식에 뛰어들 준비가 되었나? 19세기의 한 철학자의 생각을 따라가며 여러분의 깊은 내면으로 들어가보라. 쇼펜하우어의 철학이 우리의 삶을 어떻게 바꿀 수 있을지 알아보기 위해, 책장을 넘기면서 여러 질문과 생각을 따라가보자.

이 책의 주의할 점

플라톤에 따르면 철학은 '영혼의 약'인데, 그렇다면 모든 철학책은 독자에게 '약의 부작용'을 미리 알려줄 의무가 있다. 쇼펜하우어 철학은 특히나 극약 처방이라 쓰디쓸 수 있다. 여린 영혼이나 쉽게 잘 속는 사람은 쇼펜하우어의 심각한 어둠에 무너질 수 있고 낙담하고 절망할 수도 있다. 쇼펜하우어는 실존적 인간의 끔찍한 고뇌를 그토록 어둡게 그리기 때문이다. 그래서 도중에 읽는 것을 멈추거나 얼른 다 읽어버리고 싶을 수도 있다.

하지만 이 처방을 계속해서 받는다면, 쇼펜하우어가 우리를 맹목적인 환각에서 벗어나게 하려고, 또 유아적인 집착과 어리석은 열정을 버리게 하려고 인생의 잔혹함과 부조리를 극단적으로 묘사했다는 점을 이해하게 될 것이다. 우리의 욕구나 불건전한 영혼은 얼마나 허무한 것이며, 우리의 작은 행동은 얼마나 우스운 것인가. 커다란 열망은 또 얼마나 허망한 것인가. 쇼펜하우어는 이를 설명하면서도 가끔은 우리의 실존의 무게를 가볍게 만들어주기도 한다. 비극도 사실 희극일 때가 있지 않은가. 늘 최고의 맛은 아니지만 웃음이 새어나올 때도 있다.

쇼펜하우어는 이처럼 우리 몸에 이롭고 유쾌한 치료의 길을 제시한다. 비록 비웃음을 통해서이기는 하지만. 자신의 고통과 불안을 더는 심각하게 여기지 않으려면 우리는 어떤 최상의 '내려놓기' 방법을 배워야 할까?

쇼펜하우어의 생애

니체는 『선과 악의 피안에서』에 이렇게 썼다. "지금까지 모든 위대한 철학은 저자의 고백이었으며(고백할 것이 있거나, 고백을 원하지 않거나, 고백을 지적했거나), 자신의 기억을 포함하고 있다는 것을 나는 조금씩 알게 되었다." 물론 여기에는 이견이 있을 수 있지만, 쇼펜하우어의 생애를 통해 쇼펜하우어 철학의 근간이 되는 여러 요소를 볼 수 있다.

아르투어 쇼펜하우어는 1788년 2월 22일 단치히에서 태어났다. 쇼펜하우어의 부모는 애정 없는 결혼을 했으며, 쇼펜하우어는 둘 사이에서 장남으로 태어났다. 어머니 요한나는 네덜란드 가문의 부유한 상인 플로리스 쇼펜하우어의 재산을 보고 결혼한 셈이었다. 그래서일까, 요한나는 끔찍한 권태를 느꼈다. 딱 한 번만이라도 과부로 살았으면 하고 바랄 정도였다. 요한나는 사교계와 파티를 너무나 좋아했으며 글을 쓰기도 하는 작가였다. 쇼펜하우어의 아버지는 매우 격하고 불안정하며 설명할 수 없는 조급증을 가진 사람이었다. 우울증과 자폐증을 앓으며 한때 친구들을 알아

보지 못한 적도 있다. 쇼펜하우어는 어머니의 지성을 물려받았다. 어머니는 아들이 어릴 때부터 고전을 읽고 글을 쓰도록 했다. 아버지로부터는 어둡고 성마르며 침울한 성격을 물려받았고, 자긍심과 냉소에 가득 찬 차갑고 퉁명스러운 면도 역시 닮았다.

쇼펜하우어는 열 살 때 2년 정도 프랑스의 르 아브르에 살던 아버지의 친구 집에 보내졌고, 여기서 '세계의 위대한 책'들을 읽었다. 아버지는 아들이 열다섯 살이 되자 고전 탐독 따위는 그만두고 차라리 장사 쪽으로 나갈 것을 기대하며 다음과 같은 거래를 한다. 고등학교에 가서 공부를 계속해 교사가 되든지, 아니면 여러 해 동안 유럽을 횡단하며 함께 가족 여행을 하든지. 조건은, 이 여행이 끝나면 상업계 쪽으로 진로를 정해야 한다는 것이었다. 1803년 5월 5일 가족 모두가(쇼펜하우어는 물론 부모와 여섯 살짜리 누이동생 아델까지) 네덜란드를 거쳐 장기 여행을 시작한다. 쇼펜하우어는 영국과 프랑스 파리, 보르도, 툴롱 등에서 보고 겪은 것을 모두 일기에 기록한다. 인간이 고통 받는 광경뿐만 아니라 위대한 인간들의 권태 또한 보았다. 여흥과 오락은 의지할 만한 것이 못 된다는 것도 이 여행을 통해 깨닫는다. 스위스 산악 지대에서 느낀 평화만이 고통을 위로해주는 휴식 같았다. 고통에 찬 현실 앞에 놀라며 쇼펜하우어는 철학자로서의 소명을 느낀다. "열일곱, 별 볼일 없는 학교교육밖에 받지 못한 나는 부처가 젊은 시절 생로병사를 깨달은 것처럼 삶의 비탄에 사로잡혔다."[1]

아버지는 쇼펜하우어가 열여덟 살 때 사망한다. 그의 집 보관 창고 지붕 아래 운하에서 시체로 발견된 것이다. 자살설이 제기되었다. 우울증을 심하게 앓았고 불안과 동요에 지쳐 늘 자살할 생각을 하고 있었기 때문이다. 쇼펜하우어는 이런 아버지의 죽음을 비난하면서 어머니의 자유도 목도했다. 어머니는 그토록 과부로 사는 것을 꿈꾸지 않았나. 어머니는 바이마르로 이사해 살롱을 연다. 젊은 쇼펜하우어는 이때 이런 결심을 한다. 아버지에 대한 소중한 기억을 잘 간직할 것. 아버지와 한 약속을 어기고 아버지를 권태롭고 비참하게 만든 사업을 포기할 것. '학자(우선은 의학, 이어 철학)'가 되기 위한 공부에 전념할 것. 어머니처럼 자신도 자기 기질대로 살기로 하고 철학자의 길을 선택한다.

어머니의 사교 취향과 유희 탐닉에 쇼펜하우어가 원한과 분노를 갖지 않은 것은 아니다. 아마 그의 여성혐오증은 여기서 비롯되었을 것이다. 『여자들에 관한 에세이』만 읽어보아도 충분히 짐작되는데, 아버지가 죽고 난 후 어머니의 새로운 삶에 대한 힐난의 암시가 곳곳에서 발견된다. 하지만 쇼펜하우어도 살롱 생활을 했다. 그리고 그 중요성을 인정했다. 왜냐하면 괴테와의 만남도 여기서 이루어졌고, 특히 그에게 불교와 베다 경전(당시에는 거의 알

---

1 *Essai sur les apparitions*, traduction A. Dietrich, édition Alcan, 1992, 185쪽.

려져 있지 않던)[2]을 소개한 마이어와의 만남도 살롱이었으니 말이다. 쇼펜하우어의 철학은 살롱에서의 이런 소중한 만남이 있었기에 가능했던 것도 있다.

어머니는 아들 쇼펜하우어가 매사에 비판적이고 살롱의 손님들에게도 반론을 제기하여 눈에 띄게 버릇없이 구는 것을 더 이상 참을 수 없었다. 그래서 파티에 오지 못하게 했다. 또 문 앞에 그냥 세워놓은 적도 있다. 아들이 어머니에게 정부情夫를 빨리 치워버리라고 요구했으니 말이다. 두 사람은 1814년 결별한다. 서신을 통해서나 모자 관계가 겨우 이어졌을 뿐, 요한나는 1838년 죽기 전 아들의 상속권을 박탈한다.

여자에 탐닉해본들 어머니로부터 받지 못한 사랑이 복구될 수 있는 것은 아니었다. 한쪽에서는 강렬한 성적충동에 지배당하면서도 한쪽에서는 이에 강력하게 저항했다. 아주 짧게 스치거나 그다지 뜨겁지 않은 몇몇 사랑 이야기만 있을 뿐 쇼펜하우어는 여성을 제대로 사랑하지 못했다. 생애 말년, 제자들 앞에서 자신이 결혼하지 않은 것을 아주 잘한 일이라고 자축하기도 했다.

그토록 기다리던 철학자로서의 성공은 한참 나중에서야 찾아왔다. 스물여섯 살에 이미 『의지와 표상으로서의 세계』라는 큰 저작을 완성했지만, 팔리지도 않고 읽히지도 않았다. 전 세계를

---

2 인도 철학의 경전. 모두 네 개의 베다가 있는데, 리그베다·사마베다·야주르베다·아타르바베다가 그것이다.

향한 가르침은 대실패였다. 대학 강의도 실패였다. 적수인 헤겔의 강의 시간과 같은 시간에 강의를 개설했으니, 헤겔의 계단식 강의실은 꽉 찬 반면, 쇼펜하우어는 거의 텅 빈 강의실에서 강의해야 했다. 아버지 재산을 상속받았지만 늘 금리에 노심초사해야 했다. 그러나 대학 수입이나 저작 수입이 없어도 동시대인들을 관찰하러 다니고 여행도 하며 나름 편하게 살 수 있었다. 노동자들의 한탄스러운 생활상에 관심을 갖고 진보적 의식을 가졌지만(그의 저서에 간간이 나타난다), 폭력성이나 무질서를 싫어하는 기질적 특성 때문인지 1848년 혁명에는 반대했다. 하지만 유명을 달리하면서는, 혁명 때 죽거나 부상당해 장애인이 된 군인의 가족들을 돕는 데 자신의 재산을 써달라고 유언장에 남겼다.

그의 명성은 1851년에야 찾아온다. 훨씬 읽을 만하고 현실적인 『소품과 부록』이 출간되면서다. 독자들은 신도라도 된 듯 그를 만나러 달려왔다. 몇몇 사람과는 기꺼이 만났으나 바그너의 방문은 거부했다. 생애 마지막까지도 그는 아주 절제된 생활을 했다(식사 후 15분은 꼭 플루트를 불었고, 자신의 반려견과 함께 고독한 산책을 즐겼다).

1860년 9월 21일 금요일 아침, 쇼펜하우어는 자신의 소파에서 삶을 마감했다. 그의 얼굴에는 어떠한 고통의 흔적도 없었다.

I 진단하기

산다는 것은 고통

"모든 생애가 병의 기술학"[1]

쇼펜하우어에 따르면, 인생은 전투이며 우리는 손에 무기를 든 채 죽어갈 것이다. 이 전투에서 승리하는 자는 거의 없다. 부상당한 경우가 대부분이다. 예측 가능한 타격 정도는 피해보려고 몸을 움직이지만 우리 몸이 얼마나 여기저기 찢겨 있는지는 보지 못한다.

우리는 그가 행한 것을 연대기별로 말하기보다는 탄생에서 죽음에 이르기까지 인생이 고통으로 새겨진 한 인간의 전기를 써보려 한다. 이 '병의 기술학pathographie'은 훨씬 더 많은 의미를 갖게 될 것이다.

---

1 이 용어는 '병리학'으로 옮겨지는 'pathologie'와는 다르게 'pathographie'라고 쓰여 있다. pathographie는 '고생물병리학paleopathologie'의 한 분야로 알려져 있는데, 과거에 역사적으로 유명한 인물들의 생애나 초상화를 통해 그 인물이 가진 병리적 특성을 연구하는 학문으로 알려져 있다. 'graphie'의 의미를 살려 '병 기술학'이라 옮긴다. 원주의 출전은 쇼펜하우어 저작의 프랑스어 번역본인 *Le monde comme volonté et comme représentation*, PUF, traduction A. Bureau, 1966이다. 하지만 쇼펜하우어의 원 저작이 독일어판이므로, 인용한 문장의 책 제목과 장 제목 정도만 밝히고 쪽수는 따로 표기하지 않는다. – 옮긴이

고통 받는 이유는 한두 개가 아니다. 이를테면 병, 노화, 이별, 돈 문제, 친구 문제, 직장에서 받는 스트레스, 부부 관계, 자식 문제 등이다. 하지만 이런 어려움이 다 잘 지나갔으면 하는 희망도 버리지 않는다. 전문가(의사나 상담사, 정신분석가)를 만나면 이런 문제는 해결될 수도 있기 때문이다.

하지만 쇼펜하우어가 환기하는 고통은 이렇게 진료실에서 해결할 수 있는 고통이 아니다. 그것은 피할 수 없는 고통이다. 생활에서는 어떻게 해본다 해도, 우리의 존재 내부를 갉아먹는, 늘 잠복 중인 고통은 어떻게 할 수 없기 때문이다. 그것은 현실 세계의 불안정성이나 모든 것을 구렁에 빠뜨리는 허무감, 결코 채워질 수 없는 결핍감, 상시적으로 있게 마련인 무력감, 실패감 등에서 비롯된다. 우리는 길을 잃고 방황하며, 목표한 것을 더 이상 믿지 못하는 순간들을 맞게 된다. 그저 의미를 부여하며 괜찮은 척할 뿐이다. 인생은 매번 약속한 대로 되지 않는다. 그래도 내일은 오늘보다 나을 것이고, 희망으로 가득 찬 복주머니일 것이라는 희망을 버리지 않는다. 그런데 그 하루가 지나면? 남는 것은?

> "인생은 전체로 보아도, 부분으로 보아도, 계속되는 기만 같다."(『의지와 표상으로서의 세계』, 「인생의 허무와 고통에 대하여」)

우리를 감염시켜 명징함을 앗아가고 유동성을 방해하는 독처럼 고통은 우리 삶 속에조차 내재되어 있다. 여기저기서 신음과 하소연이 터져 나온다. "아파! 아파 죽겠어. 그런데 왜 그러는지 모르겠어." "나는 이유 없이 고통을 받아." 이렇게 터무니없는 고통을 누가 이해할 수 있겠는가. 아니면, 다 가진 자의 고통인가? 자기 존재를 바라보는 일밖에는 할 것이 없는 사람의 고통인가? 달리 할 싸움이 없는 사람의 고통인가? 비난받아 마땅한 사람의 고통인가? "넌 늘 불평이야. 행복한 것은 다 가졌잖아." '고생하다'라는 단어의 진정한 의미를 알지 못하는 사람의 고통인가? 진짜 이유도 없이 고통 받는다고 한다면, 그런 하소연이 굶어죽는 사람이나 전쟁 또는 부당한 사고로 희생당한 사람에게는 상처가 될 수 있다. 그런 한탄은 부끄러운 일이 될 수도 있다. 일정한 양의 재산을 쌓는다고 행복해질 수 있을까? 그렇게 간단한가? 인간은 정말 몇 가지 요소나 몇몇 행복한 순간만으로 만족할 수 있는가?

"지상의 어떤 만족도 인간의 갈망을 진정시킬 수 없고, 요구를 충족시킬 수 없고, 마음의 바닥없는 심연을 채워줄 수 없을 것이다."(『의지와 표상으로서의 세계』, 「인생의 허무와 고통에 대하여」)

그렇다면 금리생활자였고, 결코 일해본 적 없으며, 결혼하지 않았고, 결코 자식도 가져본 적 없이 글만 쓰며 지식인으로서 편한 살롱 생활을 했던 쇼펜하우어는 고통에 대해 말할 자격이 없다고 비난할 수 있을까? 살아간다는 단순한 사실만으로도 고통을 느낄 때가 있지 않은가? 우리는 꼭 진정하고 합당하며 객관적인 이유가 있어 하소연하거나 살아가는 것은 아니다. 고통이 있다면 일견 다 적법한 것이다. 만일 세상이 더 정의롭다면, 우리가 더 행복해질 수 있을까? 그것은 확실하지 않다. 모든 고통의 원인인 적은 그리 크지도 그리 멀리 있지도 않다. 그것은 우리 한가운데 있다. 그것은 살아가는 사실 그 자체다.

산다는 것이 이렇게 고통을 느낄 만큼 가치 있는 것일까, 하고 자문하는 쇼펜하우어의 관점은 이런 면에서 지극히 정상적이다. 이런 질문을 하면 지인들은 걱정을 하겠지만, 그래도 명철하다는 신호다. 사회는 치료제나 항우울제로 치료하기를 권하면서 '살아가는 고통'에 사로잡힌 자들을 죄악시하는 경향이 있다. 하지만 그렇게 도망치는 것은 심각한 과오다. 도리어 주의하면서 조사해야 한다. 쇼펜하우어처럼 우리가 사는 삶이 우리가 하는 노력만큼의 가치가 없다고 결론 낼 수도 있는 일이다.

> "그렇다. 왜냐, 그 문제를 어른스럽게 검토하면 우리의 이러저러한 실존보다 완전무결한 비非실존이 더 낫다는 결론에 이르기 때문이다."(『소품과 부록』, 「죽음에 의한 우리 존재의 비파괴성 학설에 대하여」)

우리가 본질적으로 고통스러운 것은 삶이 허무하게 느껴져서다. 왜 그렇게 느껴지는 것일까.

우리 눈앞에 있는 귀중한 물건은 시간이 지나면 그 가치가 사라지기도 한다. 우리가 한 사람에게 부여하는 중요성은 이 사람이 하는 것에 따라서가 아니라 우리가 그 사람을 인지하는 방식에 따른 것이므로 바뀔 수 있다. 결국 나중에 어떤 흥미도 느끼지 못할 수 있지만, 그동안 우리가 어떤 존재나 생각, 또 어떤 활동에 얼마나 열정적이었는가를 보기 위해서는 우리 생활을 돌이켜보는 것으로도 충분하다. 우리 책장에는 지금은 관심이 사라졌지만 한때 무한한 기쁨을 선사해주었던 책과 CD 들이 가득하다. 우리는 처음엔 무언가에 달라붙었다가 이내 흥미를 잃는다.

그럴 만한 이유가 있어서일까? 그냥 질려서? 아니면 생각이 바뀌어서? 무슨 일이 있고 나서? 우리는 잃어버리면 바로 대체할 것을 찾는다. 한 사람을 사랑해놓고 이내 무심해진다. 사랑의 약속 따위를 해놓고 이내 무심해지거나 그만 사랑하기로 했다면 그만 한 고통을 받아서가 아닐까? 다시 잘되려고 노력하는 것은 피곤한 일이므로 차라리 그렇게 비약해버리는 것일까? 우리가 어떤 존재나 사물을 대하는 것은 마치 하늘의 구름이 어두워졌다가 다시 밝아지는 것처럼 그렇게 시시각각 변하는 일일 수 있고 그때그때 가능한 결정들을 취하는 것일 수 있다. 예를 들어 『잃어버린 시간을 찾아서』의 마르셀은 질베르트를 열정적으로, 그리고 또 고통스럽게 사랑하지만 그녀는 그를 너무 아프게 한다. 몇 년이 흘러 마르셀은 질베르트를 다시 보지만 이번에는 아주 '무심하게'다.

왜 이렇게 변하는 것일까? 목표에 도달하기 위해 치열한 노력을 하다 보니 결국 정신이 지치는 것일까? 한 존재를 지극히 소중히 여기는것도 지치는 일일까? 애정은 우리 쪽에도 어떤 정성과 배려를 요구한다. 일단 기쁨이 오지만 마지막에 가서는 더 완벽해지기 위해 기울인 노력의 무게가 너무 커서 감당할 수 없게 된다. 이런 무게를 버티지 못해서 우리 심장은 한쪽으로 비켜나고 서서히 마음도 멀어진다. 아마 이익과 손실 사이에서 편협하고도 비굴한 계산을 해서일 것이다. 우리는 자신의 시간과 에너지를 너무 많이 잃으면 후회하게 된다. 이런 극심한 피로는 결국 삶에 대한 환멸을 부른다.

> "매년, 매주, 매일, 매시간 크고 작은 모순들, 기대에 대한 실망, 모든 계산을 망쳐놓는 이런저런 사건들과 함께 삶은 우리가 환멸을 느끼기에 딱 알맞은 어떤 성격의 흔적을 너무나 명확하게 새겨놓는다. 그러니 그것을 무시하기란 얼마나 힘든 일인가. 또 인생은 우리가 감사히 맛보기 위해 있는 것이고, 인간은 행복해지기 위해 이 세상에 있는 것이라고 믿는 일 또한 얼마나 힘든 일인가."(『의지와 표상으로서의 세계』, 「인생의 허무와 고통에 대하여」)

어떤 기획이 되었든 간에 무언가를 기획하면 우리는 피로해지고 현실 세계는 복잡하기 그지없지만, 우리의 순수하고 순진한 열정이 차라리 좋았다고 느껴질 때도 있다. 어떤 각도에서든 부당함을 보지 않으려면 젊어서 차라리 아직은 뭘 모르는 편이 낫다. 나이가 들고 인식이 생기면 모든 사안이 훨씬 복잡하게 보인다. 우리가 한 행동으로 어떤 영향이 생길까 늘 의식하게 되어 결정과 행동이 더욱 어려워진다. 물론 행동은 정의를 겨냥한 것이어야겠지만 젊을 때는 폭력적 행동에도 어떤 혁명적 이상이 있다고 생각한다. 하지만 인간의 복잡한 영혼과 감추어진 욕망, 그 모순성과 가변성을 알게 되면 폭력을 통한 혁명은 그렇게 매력적으로 보이지 않는다. 사물도 관념도 불안정하다는 것을 배우게 되면서 사고의 단순함은 사라진다. 이런 이유에서인지 이른바 가장 숭고하다는 열망들은 더 이상 매력이 없다. 내일이면 우리 눈에 그렇게 중요하게 보이지 않을 명분에 그렇게까지 몰두할 필요가 있을까 하는 의문이 드는 것도 당연하다.

사물의 이런 임시적인 본성 때문에라도 덧없음은 충분히 옹호될 수 있다. 내일이면 모든 것이 다른 조명 아래 다르게 나타날 텐데 약속과 계획을 세우느라 지칠 필요가 있을까? 어떤 계획이든 그만 한 노력을 필요로 하고, 그만 한 장애물을 만나기에, 결국 목표점에 도달하는 동안에 지치고 만다. 성취의 열매를 맛보는 순간에는 이미 지쳐 그 맛을 잘 모를 것이다.

그렇다면 해결책은? 현재를 충실히 살면 될까? 분명 유일하게 실재인 현재를 즐기는 것이 지혜의 극치일 것이다. 과거는 이제 없고 미래는 아직 오지 않았으니 말이다. 하지만 이것 또한 광기의 극치다. 왜냐하면 현재는 바로바로 사라지는 속성을 갖고 있기 때문이다.

> "우리의 실존은 끊임없이 도망치는 현재 이외에 다른 토대를 갖고 있지 않다. 우리 실존의 형식은 계속적인 운동 바로 그것으로, 우리는 휴식에 이를 가능성이 없으면서도 부단히 휴식을 열망한다."(『소품과 부록』, 「실존의 허무에 관한 학설 보론」)

현재는 유동적이다. 매 순간 우리는 다음의 목표를 생각할 수밖에 없고, 목표에 도달하면 다시 다른 목표를 갖는다. 삶은 결코 '현재'가 아니며 항상 다가오는 것이 있다. 우리의 삶을 가득 채우고 있는 열망들 속에 수많은 열정과 신념, 자존심, 땀 노력이 들어 있는데, 이것이 다 무슨 소용이란 말인가? 내일이면 다른 소용없음과 더불어 산산이 흩어지는 추억의 물살이 될 텐데? 우리는 공 뒤를 뛰어가는 사람을 닮았다. 공을 잡는 즉시 다시 되던져 또 잡으려 하는…….

아마 이렇게 대답하고 싶어질지 모른다. "그게 인생이지!" 다음의 문장을 보자. 이보다 더 나은 설명이 있을까 싶다.

“대부분의 사람들은 인생이 저물 무렵 자신의 인생을 회고하면서 인생 전체를 ‘대리로’ 살았음을 알게 된다. 어떻게 그렇게 인생이 흘러가도록 내버려두었을까. 그것이 그들 인생 자체였고, 살면서 기다렸던 것이 겨우 그것이었다니. 인간의 인생은 이렇게 흘러간다. 희망하고 기대하는 것에 속은 채, 죽음의 팔 안에서 춤을 추는 것이다.”(『소품과 부록』, 「실존의 허무에 관한 학설 보론」)

새로운 목표를 끊임없이 좇는다는 점에서, 우리 인생은 거의 휴식이 없는 달리기와 닮았다. 달리는 것을 멈추고 싶지만, 멈추는 순간 우리는 다시 광란에 휩싸여 마치 우리 자신에게 휴식을 금하는 것처럼 우리 존재의 저 밑바닥에서부터 둔중한 동요가 일어난다.

“동요가, 그러니까, 우리 실존의 본래적 형태다.”(『소품과 부록』, 「실존의 허무에 관한 학설 보론」)

어떤 생각 하나가 당신 머리에 들어와 구멍을 뚫어놓는 것 같지 않는가? 그러면 어쩔 수 없이 당신은 그 구멍에 숨을 불어넣어야 할 테지만, 추억 같은 것들이 머릿속에 떠올라 괴로우면 무엇이라도 해야 할 것이다. 정신의 불안은 휴식을 모른다. 어디에서 왔는지 모를 다양한 인상 조각들이 폭탄처럼 쏟아지고 정신을 이

쪽저쪽 방향으로 끌고 가면, 둔하기는 하나 제어되지 않는 과민함이 도지고 만다. 명확한 목표를 정해 돌진해야 하는데 이렇게 주의가 산만해지면, 저 깊이 잠자고 있던 둔중한 동요가 서서히 일어나는 것이다.

우리 존재 밖의 사물처럼 우리의 존재는 그 자체로 불안정하며 항상성이 결핍되어 있다. 우리의 존재는 끝없는 변화 운동 속에 있고, 그 안에서 스스로 용해되고 부단히 재창조된다. 세포처럼 미세하고 끊임없이 재생되는데 우리 인체를 구성하는 물질의 운동을 떠올리면 훨씬 쉽게 이해된다. 우리는 안정적이고 고정적이며 일관된 하나의 형체를 갖는다고 생각하지만 추상적 사고일 뿐이다. 물질 속으로 들어가면 해체와 재구성이라는 전혀 다른 실제를 지각할 수 있다. 우리는 불이나 연기처럼 끝없이 변하는 외양으로 존재한다. 우리 인체의 핵심적인 활동은 다른 원료를 먹어 소화하는 것이다. 즉, 체내에 동화시켜 그 원료를 변화시키고, 파괴하고, 배출하는 것이다. 우리는 한마디로 다량의 물질이다. 음식 섭취가 우리 인생의 가장 큰 업무다.

> "음식 섭취가 항상 필요한 것을 보아도 우리 존재의 필수불가결한 조건은 물적 질료의 끝없는 유입과 배출이다. 연기나 불길, 분수가 만들어내는 현상처럼 원료가 공급되지 않으면 활동을 멈추는 현상을 닮았다."(『소품과 부록』, 「실존의 허무에 관한 학설 보론」)

자세히 관찰해보면 인간의 삶은 현미경을 통해 보이는 물방울 같을 것이다. 마치 적충류가 우글거리듯 좁은 공간에서 열띤 활동을 하며 투쟁하는 듯 보인다. 시간을 쪼개가며 그렇게 열성적이고 진지하게 활동하지만 이를 한 발 뒤로 물러나서 보면 코믹할 정도로 잔망스러운 것이다.

우리의 실존은 그 무의미함 속에서 그렇게 나타난다. 우리는 생존수단(우선은 먹을 것)을 획득하기 위해 달린다. 하지만 이런 과업은 끝없는 요구사항들로 가득 차 있다. 거기에 매일같이 답을 주어야 한다. 그도 그럴 것이 필요가 충족되면 또다시 필요가 생기기 때문이다. 생존 수단이 확보되고 그것을 용이하게 얻었다고 해서 우리는 해방되는가? 전혀 그렇지 않다! 이런 수단을 적정 수준에서 유지해야 한다. 바로 이것 때문에 셀 수도 없이 많은 불안이 생긴다. 예치해둔 돈은 감시해야 하고, 불린 재산은 유지해야 하고, 자본은 잘 이용해야 한다.

이어 새로운 악이 우리를 지켜보고 있다. 바로 권태! 그 결과, 새로운 요구가 생긴다. 이런 불쾌한 감정을 없애기 위해 무엇을 어떻게 해야 할까? 일차적 필수품이 생기면 이번에는 또 다른 필수품이 필요하다. 오락이라는 필수품 말이다. 권태를 벗어나게 해줄 만한 기분 전환거리에 이제 우리는 집중한다. 여가 활동이라고 해서 우리의 기본적인 필요를 만족시켜주는 활동보다 덜 지루한 것도, 덜 반복적인 것도 아니다.

"만일 '실존하다'가 목표라면 이보다 터무니없는 목표는 없을 것이다. 왜냐하면 실존한다는 것은 우선 생존하기 위해 자기 벌이를 해야 한다는 것을 전제하기 때문이다. 이 문제가 해결되면 우리가 획득한 것은 이제 짐이 된다. 권태를 피하기 위해 무엇을 어떻게 해야 하는가의 문제가 이제 두 번째 힘든 과업이 된다. 우리의 실존은 이제 확실하고 안전하게 되었다고 하지만 매복 중인 새처럼 이 악이 다시 우리 실존을 덮친다."(『소품과 부록』, 「실존의 허무에 관한 학설 보론」)

필요와 결핍이 권태에 자리를 내준다. 이런 감정을 우리는 무의미 혹은 인생의 허무라 번역한다. 직장에서의 힘든 업무를 마친 후 박탈감이 오다가 다시 고요를 찾지만 특별히 복구된 것도 없다. 며칠 휴가를 보내고 나자 더 텅 빈 느낌이 들지 않는가? 일상이 바쁘거나 우리에게 부과된 직업적 임무를 수행하거나 친구나 가족과의 일에 사로잡혀 있을 때는 이런 허무를 잘 느끼지 않는다. 반면 한 가지 목표에 완전히 집중하다가 그것이 끝나면 그제야 허무를 느끼게 될 것이다.

"어떤 노력을 하고 있지 않거나 지적인 일에 몰두하지 않을 때 비로소 우리는 존재 자체로 환원된다. 무의미나 허무감은 그때 느껴지는 것이다. 권태감에서 우리가 이해하는 것이 바로 그것이다. 우리는 기묘하고 독특한 것을 뒤따라 달려가는 도저히 근절할 수 없는 성향을 가지고 있고, 너무나 지겹도록 똑같은 만물의 질서를 멈출 때 또 기뻐한다."(『소품과 부록』, 「실존의 허무에 관한 학설 보론」)

실존과 권태가 미묘하게 배합되어 있는 것을 보면 실존은 그 자체로는 별다른 가치가 없음을 증명하는지도 모른다.

"삶은 그 자체로는 실로 고유한 가치가 없고, 삶이 움직이면서 유지되는 것은 필요와 환상에 의해서다. 그것이 멈추는 순간 실존의 빈곤과 공허는 명백해진다."(『소품과 부록』, 「실존의 허무에 관한 학설 보론」)

쇼펜하우어적 통찰

1

잠시 이런 질문을 해보자. "나는 고통 받고 있는가?" 만일 아니라면 고통을 마주할 때 의지로 고통을 부인하거나 회피하는 것은 아닌가? 예를 들어 당신은 이런 말을 자주 혼자 되뇌지는 않는가? "큰 문제 없을 거야. 자, 해보는 거야. 그냥 포기할 수는 없어." 또는 "혼자 너무 그런 생각 하지 마. 내일이면 나아질 거야." 만일 고통 받는다는 것을 인정한다면 어떤 고통인가? 고독? 스트레스? 잔고가 바닥인 은행 계좌? 논쟁? 가까운 사람이 당신을 실망시켜서? 어떤 것에서도 성공하지 못했다는 느낌? 아무리 애써도 정해둔 목표에 도달하지 못할 것 같은 기분? 시간이나 인내력이 부족하다는 생각? 충분히, 깊이 어떤 것을 느끼지 못한 것 같은 기분? 고통을 느낄 때 항상 객관적인 이유가 있는가? 오히려 당신의 고통은 미확정 상태이거나, 흩어져 있거나 퍼져 있는 것 같지 않은가? 쇼펜하우어가 말한 대로, 당신이 살기 위해 하는 노력과 약간 연관되어 있지 않은가?

2

당신의 표상들(당신이 다른 사람들에 대해 갖는 개념이나 생각. 당신의 일이나 새로운 만남, 정치인 등에 대해서도)은 불안정하지 않나? 시간이 흐르면서 개념이나 생각을 변하게 만드는 주요 이유가 그것인가? 아니면 아무것도 아니거나 소소하고 사소한 것에 불과한가?

3

어떤 하루를 잘 관찰해보라. 하루에 정한 목표들이 우선은 어떤 중요성을 갖는데, 저녁이 되면 다음 날 목표로 다시 설정되지 않는가?

4

당신의 차고 넘치는 만남의 수를 곰곰이 생각해보라. 물론 그렇게 만나는 것은 아주 중요한 사안이고, 일종의 출구일 것이다. 예를 들어 우정의 경우, 관련된 어떤 사람을 한동안 보지 못하게 된다면, 그 전에 이 사람에게 바친 시간이나 같이 했던 수많은 활동들은? 여기에 얼마나 많은 에너지를 소비했는가? 그런데 궁극적으로 무엇을 위해서 그랬나? 이렇게 보낸 경험들이 당신의 존재를 채우는 요소가 되는가? 당신이 내일을 산다고 할 때, 내일 할 경험보다 이 경험이 더 소중한 것이었나? 잘 생각해보면, 유령들만 거주하는 과거를 갖고 있는 기분이 들지 않는가?

5

하나의 목표를 이루기 위해 들이는 모든 노력이 이튿날이면, 또 이어지는 그다음 날이면 또 다른 목표(혹은 먹기, 사랑하기, 소통하기 같은 똑같은 목표)를 위해 똑같은 노력을 다시 하게 되지 않는가? 이런 끝없는 재시작은 어떤 감정을 불러일으키는가? 이중 모순이지 않은가? 한편에서는 부와 새로운 발견의 약속인 것 같아 흥분하고, 또 다른 한편에서는 반복과 재탕의 느낌만 들고(같은 노력, 같은 땀, 같은 이익).

6

반복적 행위는 지겨울 수 있다. 하지만 아무것도 하지 않는 것 역시 그렇다. 두 가지 중 당신은 무엇이 더 지겨운가?

7

당신이 옛날에 가졌던 어떤 사랑에 대한 열망이나 정치적이고 이상적인 열망을 기억하는가? 그것들은 지금 어떻게 되었나? 왜 그것을 포기했나? 당신의 의지를 실현하게 된다면, 거기 들인 노력의 무게는? 혹은 젊은 혈기로는 보지 못했던 것을 도중에 본 적은 없는가? 처음 생각했던 것보다 일이 더 복잡해진 것을 본 적은 없는가?

행복이라는 환상

우리는 행복해지고 싶어 할 뿐 행복이 하나의 환상이라는 것은 알지 못한다. 행복하다고 믿는 두 가지 방법이 있다. 하나는 자기 욕망을 충족시키는 것, 또 하나는 좋은 순간을 그저 누리는 것. 그런데 이 두 행복의 길에는 막다른 골목이 있다. 휴식과 안녕은 애초에 불가능한 삶이다. 행복 찾기는 불안과 고통, 불만족이라는 멍에를 반드시 씌운다. 마지막에도 처음처럼 그렇게 좋을까? 우리 인생을 비춘 그 수많은 약속은 우리 마음을 그토록 이끌었건만 결국 지켜지지 않았다.

"젊은 시절 친구였던 두 사람이 각자 자기 인생을 살다가 다시 만났을 때, 옛 시절이 다시 돌아온 듯하지만, 그들의 마음속에 우세한 감정은 흘러간 인생에 대한 실망이다. 청춘 시절에 인생은 새벽의 장밋빛 같았고 정직한 전망을 보여줄 것 같았다. 수많은 약속을 했지만 지켜진 것은 별로 없다. 이런 감정이 두 사람을 지배한다. 말로 설명할 필요가 없을 만큼 두 사람은 이것을 느끼고 침묵으로 확인할 뿐이다. 그리고 이에 대해 이야기하기 시작한다."(『소품과 부록』, 「실존의 허무에 관한 학설 보론」)

우리는 행복을 미래 시제에 놓는다. 욕망은 약속을 앞세워 만족이 될 것처럼 보인다. 예를 들어, 우리는 행복해지기 위해 영혼의 단짝을 만나기를 희망하며, 직업과 편안한 집을, 아이를 갖기를 희망한다. 우리는 너무 일찍 행복의 대상을 상상하는데, 행복하다고 말할 수 있기 위해서는 무언가를 '획득해야' 한다. 따라서 행복은 우리의 삶에서 '약속된' 것이다.

우리는 목표를 분명하게 정하고 그것을 이루려는 노력을 다하며 몇 년을 보낸다. 여기서 목표라면 돈, 배우자, 집이기도 하고, 어떤 모험이나 기록, 업적 같은 것이다. 하지만 이 목표를 이루면 새로운 목표가 나타난다. 여행하기, 이사하기, 창조하기, 새로운 재능 개발, 자식들의 학업 성취, 자신을 위한 시간. 그렇다면 첫 번째 목표가 이루어지면 충만감은 해결된 것 아닌가? 행복해지기 위해서는 그것만으로 충분하지 않은가? 그것은 분명 아니다. 약속된 충만감은 결국 약속된 것이 아니었고, 지속되는 것도 아니다.

행복은 만족을 모른다. 착시현상과 비슷하다. 늘 또 올 것만 같은 그 무엇이다. 우리가 행복에 가까워지고 있을 때, 행복은 지평선처럼 저 먼 곳으로 달아난다. 우리는 희망에 희망을 걸며 앞으로 나아가는 데 어떤 수고도 아끼지 않는다. 새로운 목표라는 약속에 취해 미친 듯이 에너지를 소비한다. 하지만 이것을 잘 살피지는 못한다.

환상에서 환멸에 이른다. 열망의 대상이 될 만한 것은 결국 없다고 결론짓는다. 우리의 헛된 노력은 최악의 감정이라 할 혐오를 불러일으킨다. 인생은 살아볼 만한 가치가 있고, 행복해지기 위해 인생을 기꺼이 누릴 수 있다고 우리는 어찌 이토록 믿었을까? 그런데 이런 결론을 내고 만다. "그게 사는 거야! 전진하는 것!" 어느 방향으로? 이 '전진'이 꼭 중요한 목표를 향한 어떤 진보이기만 한가? 만일 죽음이 없다면, 사실상 이 전진도 영원한 것이다. 왜냐하면 앞으로 나아간다는 것은 끝이 없기 때문이다. 아무런 일관성도 없는 다수의 목표를 끝도 없이 우리는 제시할 수 있다. 하지만 땀 흘리며 노력해도 실망하게 되는 이런 여정의 부조리함만 도리어 부각될 뿐이다. 새로운 환상이라도 가져야 이 지루하고 어리석은 것이 잊히며 다시 미친 듯한 질주를 할 수 있게 된다.

> "요컨대 각자 자신의 삶에서 한발 물러나야 하는 것이다. 욕망의 대상은 환상에 불과하고, 항상성이 없으며 소멸하게 마련이다. 기쁨을 주었던 것이 고통을 주며, 이 모든 것을 떠받치고 있던 토대가 다 무너지는 날이 온다. 내 삶의 전멸은 그 마지막 증거로 모든 희망과 열망이 광기와 방황에 불과했다는 것이 확인되는 것이다."(『의지와 표상으로서의 세계』, 「인생의 허무와 고통에 대하여」)

욕망은 유쾌한 도약 같기도 하다. 하지만 그것은 아니다. 왜냐하면 욕망은 '욕망된 대상'(갖고 있지 않은 것만을 욕망한다)의 결핍이기 때문이다.

"모든 욕망은 결핍에서 생긴다. 만족하지 못하는 상태에서 생기는 것이다. 만족이 안 되는 이상 고통이다. 그런데 어떤 만족도 지속성은 없다. 만족은 새로운 욕망의 출발점일 뿐이다."(『의지와 표상으로서의 세계』, 「의지는 긍정되고 이어 부정된다」)

결핍인 이상 욕망은 우리를 자극하고 압박한다. 욕망이 충족되지 않은 채 지속되면 마침내 고통스럽고 폭군적인 자기 본성을 드러낸다. 욕망의 본성은 정말 전제군주 같다. 욕망의 대상이 일단 정해지면 욕망은 자체적으로 얼마나 폭군처럼 변하는가. 요구를 끊임없이 갱신하면서 결코 어떤 만족에도 이를 수 없을 것처럼 보인다. 거꾸로 욕망이란 그것을 느끼는 사람에게도 전제군주다. 누군가를 사랑해 욕망한다는 것은 단순히 그 사람을 육체적으로만 소유하고 싶은 것이 아니라 정신적으로도 하나가 되고 싶은 것이다. 아니, 욕망은 항상 없는 것을 요구한다. '부재'의 실제 한가운데에서 솟구친다. 너는 나를 위해 있어야만 하고, 나는 너를 위해 해야만 하고. 자기 고유의 규범을 부여하며 도달할 수 없는 요구사항들을 증폭시킨다. 불만족은 더 늘어나고, 만족되고 싶은 욕망은 이 불가능성에 비례해 증가한다. 상황은 발작에 이를 정도로 절정에 다다른다.

『쇼펜하우어 방법론』[1]에서 얄롬은 젊은 시절 마르지 않는 성적 욕망의 희생자였던 한 쇼펜하우어적 인물을 등장시킨다. 그는 식욕을 채우듯 자신의 감각을 채우기 위해 매일 한 여자 혹은 여러 여자를 정복해야 했다. 그러지 않으면 평화를 얻을 수 없었다. 하지만 한번 그의 먹이가 '소비되면' 욕망은 다시 새롭게 솟구쳤다. 이 정복의 필요 덕분에 남자는 절대 실패할 수 없는 유혹의 기술을 터득했고, 여성의 쾌락과 관련한 방대한 지식을 섭렵했다. 그가 하루는 정신과 의사를 보러 갔는데, 이 의사가 매일 밤 반복되는 자신의 이 기막힌 승리의 기술에 놀라지 않자 도리어 그가 깜짝 놀랐다. 게다가 의사는 그의 모든 것이 지겨워 보이기까지 한다고 말했다. 이 의사는 이런 리듬이라면 그의 묘비명에 이렇게 적어도 좋겠다며 쐐기를 박았다. "그는 많은 섹스를 했다." 그리고 이와 똑같은 묘비명을 그의 복슬강아지에게도 써줄 수 있을 것이라고 했다. 욕망이라는 폭군은 사실상 끝없이 반복을 재생한다. 욕망하고, 또 욕망에 매번 도전하는 자만이 그것을 알지 못할 뿐이다.

---

1 I. D. Yalom, *Le méthode Schopenhauer*, Points, 2008.

욕망이 만족되는 순간에도 어떤 실망감이 몰려와 망한 느낌이 들기도 한다. 만족은 거의 절반의 만족이다. 우리의 상상력은 욕망의 대상을 이상화하고 미화하므로 마침내 욕망의 대상을 소유해도 미칠 듯 꿈꾸었던 것보다 대개 덜 아름다워 보인다. 그래서 그 과정에서라도 대상의 미화가 필요하다. 계속 욕망하기 위해서라도 말이다. 우리는 결코 지켜지지 않는 욕망을 그렇게 남용하도록 내버려두고 있다.

"우리가 그토록 갖고 싶어 했던 것이 사실은 그다지 갖고 싶어 하지 않았던 것이라는 것을 일부러 보여주려는 것이 아닌 이상, 약속은 되었으나 지켜진 것 같지 않다. 우리는 어떤 때에는 기대와 희망 자체에 속은 것이거나, 어떤 때는 대상 자체에 속은 것이다. 주었는데, 이제 받는 편에서 또 요구하는 것이다."(『의지와 표상으로서의 세계』, 「인생의 허무와 고통에 대하여」)

욕망의 대상은 결국 기쁨보다 고통을 더 가져다주고, 만족은 약속일 뿐 이루어지지 않는다. 데프로주에 따르면, 결혼이란 "만일 혼자였다면 모를 권태를 두 사람이 참아가며 느끼라고 하는 결합"이라고 한다. 돈에도 이런 함정이 있다. 돈을 제대로 간수하지 못하면 어쩌지 하는 두려움이 따른다. 질투나 가짜 친구들도 그래서 생긴다. 승진하면 책임이 뒤따르고, 인정하고 싶지 않지만 어떤 희생을 치르고서라도 도전에 응하다 보니(우리가 속았다고 고백할 수밖에 없다) 이 책임감은 무섭게 폭군처럼 변한다. 좌초하지 말자. 실패하지 말자. 이런 다짐이 어떤 동기가 되는 것 같지만 사실 우리의 새로운 불만족과 끝없는 불안을 보지 못하게 가리는 것에 불과하다.

욕망이 만족되었는데 실망이 강하게 느껴진다고 해서 욕망을 포기하지는 않는다. 오히려 더 욕망할 뿐이다. 욕망은 만족되기 전에 우리를 고통스럽게 할 뿐만 아니라 만족된 후에도 욕망했던 대상을 잘못 선택한 것은 아닌가 하는 생각에 때로는 가책까지 들게 한다. 우리의 욕망하는 본성은 우리로 하여금 끝없이 이런 말을 하게 만드는 것 같다. "네가 원한 것은 결국 이런 것에 불과했다. 더 나은 것을 원해봐." 이렇게 우리는 끊임없이 재생되는 욕망으로부터 결코 해방되지 못한다. 우리에게 던져진 도전이란 바로 이 문제를 푸는 것이다.

우리는 세이렌에 유혹당하는 율리시스를 닮았다. 세이렌에 저항하기 위해 돛대에 단단히 몸을 묶은 율리시스의 현명함을 우리는 갖지 못했지만 말이다. 우리는 세이렌을 향해 황급히 노를 젓는다.

행복을 향한 미친 질주를 피하기 위해 행복한 순간을 사는 것만으로 만족할 수 있다. 친구를 만나고, 여행을 하고, 가족 모임을 갖고. 하지만 쇼펜하우어에 따르면, 우리 조직은 그러라고 만들어진 것이 아니다. 무슨 말인가 하면, 우리는 행복을 느끼는 것이 아니다. 우리는 "고통을 느끼는 것이지 고통의 부재를 느끼는 것은 아니기" 때문이다. 고통의 부재, 문제의 부재, 병의 부재처럼 일단 '부재'로 정의된다는 점에서 행복은 이미 '부정적'이다.

그래도 가끔 행복하다고 느끼지 않나? 햇살이 은은한 풀밭에 친구들과 누워 수다를 떨고, 미칠 듯이 웃어대고. 우리는 그 순간 고통이 멈추는 것을 가령 이런 감탄사를 통해 확인한다. "아, 참 좋다!" 물론 이런 기쁨은 얼굴을 따사롭게 어루만지는 햇살 덕분이기도 하지만, 이런 햇살은 전에는 느껴보지 못했던 것일 수 있다. 그래서 더 행복하게 느껴질 수도 있고, 햇살이 계속되면 더는 행복하게 느껴지지 않을 수도 있다. 왜냐하면 우리의 감각은 고통 앞에서만 깨어나기 때문이다. 아무리 미세해도 상태의 변화가 일어나면 우리 감각은 바로 느낀다. 특히 대조적일 때. 그 순간만큼은 우리가 의식하지 못하고서도 행복해질 수 있다. 그런데 의식하지 못하는 행복의 맛은 어떤 것일까?

이것이 다 살고자 하는 의지의 문제다. 이 의지는 장애물이 튀어 오를 때만 느껴진다. 이 의지는 장애물을 만나지 않는 한 시냇물처럼 무의식적으로 흘러간다. 우리 몸이 건강한 상태일 때는 그것을 보지 못한다. 구두 때문에 살갗이 몇 센티미터 벗겨지면 그때서야 상처가 보인다. 안락한 생활 속에서는 그 안락함을 보지 못한다. 최근 산 가죽 소파에 작은 포도주 얼룩이라도 생겨보아라, 가슴이 찢어진다. 미세한 세부가 도리어 잘 느껴지고, 장애물이 우리의 주의를 깨운다.

더욱이 우리가 행복했다는 사실은 나중에야 깨닫는다. 물론 그 좋은 '순간'(아무도 없는 해안가를 따라 거닐거나)에도 행복한 순간을 보내고 있다는 사실은 의식한다. 하지만 항상 미래에 대한 긴장이 있다(산책 후 해야 할 일들이 산더미다). 또 그야말로 잠깐 일어나는 긴장도 있을 수 있지만(선크림을 충분히 발랐나?), 우리 정신은 편안할 때에도 기분 좋은 감각을 다른 방향으로 돌리게 만드는 수많은 생각에 언제든 휩싸일 수 있다. 순간은 본질적으로 취약해 불안정성을 갖고 있고, 이것을 깨닫는 순간 모든 것을 근본적으로 포기해버릴 수도 있다. 일종의 여파 작용 같은 것을 느낄 때가 있다. 한순간 '좋다'라고 말하지만, 시간은 단 하나의 덩어리로 구성되어 있는 것이 아니라 다양한 감각으로, 다양한 층위로, 여러 개의 현존하는 순간들로 이루어져 있다. 좋은 순간이었다고 인식하게 되는 것은 다만 나중에 회상할 때다. 해안가를 산책하던 순간에도 우리 의식은 불안해하는데, 이 불안성은 나중에 그 순간을 추억하면 지워질 수 있다. 투명한 바닷가에서 햇볕 아래 뜨거운 모래 위를 거니는 것만 기억에 남을 수 있다. 어떤 흠집도 없는 기분 좋은 순간만을 만끽하는 행운을 가진다면, 그것을 전혀 의식하지 못할 수 있다. 우리 의식은 대비 속에서만 깨어나기 때문이다. 그러니까 행복은 우리가 그것을 발견할 때는 우리 뒤에 있다. 행복했는데도 그때는 모르고 항상 너무 늦게 아는 것이다.

"우리 삶은 얼마나 행복한가! 이것은 행복한 나날들이 불행한 나날들에 자리를 내줄 때만 알 수 있는 것이다. 기쁨이 늘어나는 것에 비례해 그것을 맛보는 능력은 떨어진다. 습관이 된 기쁨은 더 이상 기쁘게 느껴지지 않는다."(『의지와 표상으로서의 세계』, 「인생의 허무와 고통에 대하여」)

쇼펜하우어는 행복을 이렇게 묘사한다. "햇볕 드는 평야 너머로 바람이 밀고 갈 작고 어두운 구름." 행복은 항상 지나갔거나 다가오리라는 것이다. 행복은 둘 사이에, 즉 현재에는 잡을 수 없는 연기처럼 나타난다고. 행복은 감각이라기보다는 생각인 것이다.

"하지만 행복한 순간이 있고, 행복을 맛볼 때도 있잖아요!" 하고 말하는 사람에게 쇼펜하우어는 이렇게 반박한다. 나중에 계산을 해보면 고통의 총합이 기쁨의 총합보다 더 클 것이라고. 그래서 비극이라는 것이다! 행복, 아니 행복이라고 가정된 순간이 우리에게 또 다른 행복을 얻고 싶다는 희망을 주는 이상, 우리는 살아가는 내내 거의 휴식도 없이 행복을 추구할 것이다.

목표를 향해 달리다 보면 새로운 기쁨이 생기지만, 새로운 실망과 낙담 역시나 그만큼 생긴다. 장애물과 싸우지 않으면 어떤 것도 얻어지지 않고, 유지나 관리, 새로운 요구사항 없이는 어떤 것도 얻어지지 않는다. 학위 같은 것은 예외라고? 하지만 학위 자체는 아무것도 아니다. 학위는 다른 중요한 것을 얻게 해주기 때문에 얻으려고 하는 것이다. 상승을 갈망하면 할수록 아름다운 승리를 한다? 하지만 노력의 몫이 크면 클수록 더욱 지친다. 만일 욕망이 이런 동기와 이유들로 얽혀 있지 않으면 현실은 우리 눈앞에 던져지지 않는다. 현실화 이전에 우리 욕망이나 상상력이 만들어낸 흥분과 열광도 아울러 생각해보아야 할 것이다. 목표에 이르기 위해 지불해야 할 대가가 얼마나 많았던가? 희생된 시간은? 불안은 촛불만 한 가치가 있는가? 참아낸 '노예' 생활이 과일을 따고 나면 보상되는가?

신중함도 소용없다. 왜냐하면 욕망의 맹목성을 이겨낼 재간이 없기 때문이다. 우리는 노력과 에너지와 시간을 다 쏟아부은 후에나 그것을 알게 된다. 벌레가 과일 속에 있다. 전적인 안심? 이미 그 안에 새로운 피로가 실려 있다. 전적인 만족? 그 안에는 동요라는 원칙이 들어 있다. 우리는 스스로에 지쳐 결국 끝나게 된다.

"이토록 환상과 환멸이 영구히 재생되는 것을 보면 환상과 환멸은 인생 전체의 속성이 그러하듯 그토록 열망하고, 애쓰고, 노력하는 것이 별 가치가 없다는 것을 일깨우고자 창조되거나 계산된 것은 아닐까 한다. 모든 재산과 부가 헛된 것이 되고, 세상은 다 갚을 수 없는 것들로 가득 차 있고, 인생은 결국 비용도 감당 못 하는 사업이 아닐까. 이 모든 것 때문에 우리 의지가 돌아선 것일까?"(『의지와 표상으로서의 세계』, 「인생의 허무와 고통에 대하여」)

쇼펜하우어적 통찰

1

당신을 행복하게 만드는 것은? 행복의 대상과 행복이라는 감정을 구분할 필요가 있다. 행복해지기 위해 당신이 도달해야 할 목표(돈, 영혼의 동반자, 취미 활동, 학업 성취, 승리)와 행복이라는 감정(충만감, 지속적인 만족감, 내적 평화)은 다르다. 만일 당신이 목표에 도달했다면 더 나은 미래가 올 수 있는가? 확신은 없지만, 그저 당신을 행복하게 만드는 것을 상상하게 되는가? 왜 당신이 상상한 것을 믿는가?

2

당신의 추억 가운데 최근 행복했던 순간을 떠올려보자. 당신은 지금도 그때처럼 행복한가? 아니면 회상해서 말하고 있는 것인가? 만일 '참 좋았어' 혹은 '난 참 좋았어' 같은 생각이 든다면, 지금은 그 순간을 어떻게 생각하는가? 괜한 생각에서 나온 불안이나 모든 것을 망칠까 하는 두려움, 다음에는 어떻게 될까 하는 걱정이 그때 있지 않았나? 왜 쇼펜하우어가 어떤 혼합이나 대조도 없는 충만한 만족감 상태에서는 행복을 느끼지 않는다고 보았는지 이해가 되는가?

3

당신에게 빈번하게 나타나는 욕망은 다음 중 무엇인가? 식욕, 성욕, 인정 욕구. 이런 욕망을 위해 당신은 그 요구들에 언제 순응하는가? 전에? 혹은 그러는 동안? 현실화 이후에?

4

당신의 욕망 중 지나간 욕망 혹은 현재 욕망 가운데 하나를 잘 관찰하라(예를 들어, '초콜릿이 정말 먹고 싶다' 같은). 당신의 상상력은 당신이 욕망하는 동안 미리 발동하는가? 곧 느끼게 될 기쁨(초콜릿이 이미 당신 입에서 녹는 것을 상상하는가? 입천장에서 느껴지는 그 질감과 맛을 이미 느끼는가?)을 이미 상상하는가? 당신이 강하게 갈망했던 대상들(예를 들어, 최근 구입한 물건)이나 여행, 어떤 만남도 그렇지 않은가? 당신이 갈망한 대상들은 항상 약속을 지켰는가?

5

당신은 이미 당신의 욕망(식탐, 성욕, 스포츠 혹은 또 다른 충동)을 반복적이고 강박적으로 실행하고 있는가? 이런 충동적인 욕망과 다른 욕망 사이에 정도의 차이가 있는가? 욕망은 폭군 같다고 말하겠는가?

사랑, 이 새콤달콤한 실망

"사랑, 그것은 복슬개의 손이 닿는 거리에 놓인 무한이다"[1]라고 루이페르디낭 셀린은 말했다.

인간은 사랑으로 자기 실존의 중심을 만든다. 온전히 누군가를 사랑하는 삶, 또 누군가에게 사랑받는 삶은 인생의 만개일 수밖에 없다. 사랑은 존재의 유일한 이유이며, 삶의 의미다. 우리 인류가 만들어낸 가장 탁월한 완성의 예다. 쇼펜하우어는 사랑이 인간의 가장 큰 업무이며, 위대한 정신조차 사랑의 정열로 이성을 잃을 수 있다는 것을 강조한다(사랑의 범죄들이 이를 증명한다). 시인들은 사랑의 아름다움과 고통을 무한한 변주로 노래하기를 멈추지 않았다. 사랑은 멍이 진 듯 아프고, 까다롭고, 섬세하고, 미묘하며, 때로는 잔인하다. 사랑은 정말 마르지 않는 주제다.

요정이 나오는 동화 속에서 달콤했던 것이 갑자기 시큼한 식초처럼 (더 나아가 독약처럼) 변할지라도, 사랑은 항상 별을 찾아 떠

---

1 L.-F. Céline, *Voyage au bout de la nuit*, Gallimard, 2006.

나는 여행이다. 사랑은 우리의 비참한 실존을 구제하며, 이 거칠고 생경한 세상 속에서 가장 숭고한 감미로움을 줄 것 같다. 무미건조한 세계에서 위험을 감수할 만한 마지막 모험이며, 모든 사람에게 열린 마지막 대여행인 것이다. 이 분야에서만큼은 돈으로 성공한 사람들이 그보다 못한 사람들보다 더 나은 것도 아니다. '사회적 낙오자들'이 오히려 이 분야에서 더 뛰어난 능력을 가지고 있을 수 있다.

쇼펜하우어가 신화를 난폭하게 깨부수며 공격하는 것은 바로 사람들 마음에 단단히 닻을 내리고 있는 이런 믿음이다. 그렇다면 쇼펜하우어는 사랑을 어떻게 정의할까? 바로 성적 본능이다.

쇼펜하우어는 사랑을 우리가 종족 번식을 하도록 자연이 창조한 환각이라고 본다. 사랑의 목표는 영혼의 동반자를 만나 하나로 결합되는 것이 아니라 순전히 자식을 낳기 위한 것이라는 말이다. 우리는 그 일에 쓰이는 희생자로, 모든 것이 자연의 계략에 불과하다는 것이다. 사실상 자연은 종의 생존에 관한 일만 고려한다. 그런데 우리는 이런 분야에서 항상 협조적이지 않다. 세상에 자식을 내놓는다는 것을 냉정하게 생각해보면, 커플이 끔찍한 행위를 해야 하는 진짜 부담스러운 일이다. 자연은 우리가 약간 판단력을 잃도록, 그래서 그 돌이킬 수 없는 일을 자행하도록 우리를 도취시킨다. 사랑은 이런 알싸한 취기다. 황홀경으로 다가올 쾌락을 약속해주니 평생 자신의 상대에게 매달리고 싶어진다. 그것이 그토록 몽환적인 만큼 우리는 완전히 미칠 준비가 되어 있다. 비극은 그다음에 시작된다.

사랑에 빠진 사람은 자기도취 속에서 상대의 심장과 영혼에 닿기 위해 대화를 시적으로 꾸미지만 결국 상대의 몸을 겨냥한 것이다. 사실 유일한 목표는 성행위다. 우리에게 성관계가 얼마나 중요한가. 이는 충분히 인정할 수 있다. 쇼펜하우어는 이 때문에 자살한 남자들의 예를 드는데, 그들의 '아름다운 애인'이 육체적으로 그들의 것이 되는 것을 거부했기 때문이다. 감정으로 되돌려 받는 것으로는 안 된다. 그들의 금욕에 충분한 위로가 되지 않는다.

그 결과 사랑이라는 가면 아래 양심을 속이기 위해 자연은 행동한다. 그 목표는 숭고하다. 최고의 개체를 수태하기. 오로지 그것을 위해 자연은 증식과 종의 영속, 더 나아가 종의 재생을 목적으로 사랑을 나눌 보완 대상을 탐색한다. 생리적으로나 기질적으로 최상의 결합을 찾아주느라 전력을 다한다. 하여, 젊다면 둘 사이에 사랑이 꼭 생겨나지 않아도 서로 맞을 수 있다. 만일 잘 안 맞는다면, 자연이 그 둘을 호환 가능하다고 보지 않는 것이다. 다시 말해 그들 사이에 태어난 아기는 조화가 없는 신체적·지적 구성물이 될 수 있다.

아마도 어떤 사람들은 이런 견해가 정신인 감정을 단순한 짝짓기로 축소시키는 것 아니냐고 반문할 것이다. 하지만 쇼펜하우어는 이런 비난에 대해 미래 세대를 구성하는 것이야말로 사랑의 '고상한' 목표라고 말한다. 수많은 세대를 만들어내는 것은 바로 이것에 달려 있기 때문이다.

> "이런 확고한 결정성으로 여러 개체들이 미래 세대를 만들어내는 것이 비누 거품 같은 형이상학적 감정보다 더 가치 있고 고상한 목표가 아니겠는가?"(『의지와 표상으로서의 세계』, 「사랑의 형이상학」)

이것은 개인적 행복의 문제가 아니라, 미래 세대를 위한 인류의 실존 문제다. 개인의 의지가 자연의 섭리와 함께 하나로 집중되는 것이다. 이런 이유로 사랑은 우리들 모두에게 그 어떤 다른 행위보다 우선적으로 가치 있는 일이 된다. 우리 인생의 정당한 중심이다.

> "이 목표가 최고의 중요성을 띠는 것은, 복잡다단한 사랑은 격정과 고통을 야기하지만 이를 초월함으로써 비장함과 숭고함이 만들어지기 때문이다."(『의지와 표상으로서의 세계』, 「사랑의 형이상학」)

쇼펜하우어에 따르면, 타자에 대한 사랑의 정도는 서로 간의 유전자적 보완성 정도에 달려 있다. 그것이 상당하면 할수록 상호적 열정도 상당하다. 철학은 영혼의 단짝을 옹호하는 듯하지만, 더 정확하게 말하면 '육체의 단짝'을 옹호한다.

> "완전히 닮은 두 존재가 없는 이상, 어떤 남자가 어떤 여자랑 맞는다면, 그것은 두 사람 사이에 태어날 자식과 관련이 있다. 정말 사랑에 빠진 사랑은 드물다. 거의 그 비슷한, 우연한 만남일 뿐이다."(『의지와 표상으로서의 세계』, 「사랑의 형이상학」)

영혼의 단짝을 만나는 일이 드물다 해도, 우리는 그런 사랑의 가능성을 느낀다. 이를 다루고 있는 시적 작품에 감동을 받는 것도 그래서다.

그런데 고통을 느끼는 이유도 여기 있다. 우리는 본능적으로 자신에게 어울리는 유일한 대상을 찾아 나선다. 그런데 그런 짝을 만날 가능성은 매우 희박하다. 따라서 우리는 최소한이라도 사랑을 느낄 수 있는 그런 '유효한' 상대를 얻는 정도에 만족하는 것이다. 즉, 우리의 본성 근본에는 전적으로 만족하지 못하는 것이 깔려 있다.

우리는 흔히 잘 사는 부부를 보면 서로 닮아서 그런다고 생각한다. 서로 비슷해서 그렇게 만날 수 있는 행운이 있었다고 믿어버리는 것이다. 두 사람은 가치관과 취미, 토론 주제와 유머까지도 공유한다. 성공한 커플이라는 개념을 우리가 만들어냈다면, 이런 단단하고, 가시적이며, 증명 가능한 것들에 기초해서다.

아뿔싸! 그런데 자연은 전혀 다른 커플 상을 가지고 있다. 쇼펜하우어에 따르면 서로 닮아 하나가 된 것이 아니라 서로 달라서 하나가 된 것이다. 가장 완벽한 자손을 창조하기 위해서, 자연은 우선은 신체적 차원에서, 그다음은 정신적 차원에서 상호 보완성을 찾는다.

자연은 신체적 대조가 있는 짝들을 우선 만드는데, 한쪽이 갖지 못한 결점을 다른 쪽의 장점으로 보완해야 둘 사이에 태어날 아이가 완성되기 때문이다. 예를 들어, 이마가 벗겨진 사람은 이마가 넓고 큰 사람에 끌린다. 자기가 자손에게 줄 수 없는 것을 상대가 주기를 바라는 심정에서다. 우리는 닮은 것에 끌리는 것이 아니라, 대조적인 것에 끌리는 것이다! 따라서 당신의 '육체적 동반자'는 당신과 신체적으로 전혀 비슷한 것이 없는 자일지 모른다. 말벌처럼 허리가 가는 사람은 둔부가 두꺼운 사람으로. 또 역으로도. 마르고 호리호리한 실루엣을 가진 사람은 작지만 다부진 사람으로. 또 역으로도.

사랑의 게임은 상대와의 차이를 만들어내는 것에 달려 있을 수 있다(차이점 앞에서 입을 벌리고 감탄하는 것이다). "정말 이상한 장딴지를 가졌네요!"라는 말은 자연의 언어로는 이렇게 번역될 수 있다. "내 것과는 너무도 다른 이 장딴지라니! 우리 아이를 만드는

데 좋겠어요.” 상대의 몸을 발견하면서 하는 이 관능적인 놀이는 사실상 무의식적으로 혹은 본능적으로 미래의 부모가 되기에 적합한 결합인지 아닌지를 확인하는 사전 탐사 작업일 수 있다. 사랑은 상대의 결점을 가리는 맹목이나 욕망의 도취가 아니라, 상대의 장점만큼이나 단점도 면밀하고 세밀하게 탐사하는 일이다. 우리는 우리가 추구하는 목적을 늘 의식하지 못한 채 의식을 주도한다. 브리지트 바르도가 영화 〈경멸〉의 도입부에 말하는 대사를 떠올려보자. “내 발목, 당신은 내 발목을 사랑하는 거죠. 내 무릎, 당신은 그걸 사랑하는 거죠. 내 무릎…….” 사랑의 게임이라는 형식 아래 연인들은 선발이라는 또 다른 계획을 숨기고 있다. 연인들은 어떤 너그러움도 없이 그렇게 서로를 탐사하고, 계량하고, 판단한다. 결국 자연은 선택을 하는 것이다.

어떤 사람들은 상대의 손을, 손목을, 발목을 바라보는 것을 좋아한다. 손가락과 관절, 목과 목덜미의 섬세함을 감상한다. 이런 시선은 사랑의 몽상으로 나온 시선이 아니라, 계측하고 계량하는 시선이지 않을까? 사랑에 빠진 연인은 미래의 자식을 생각하며 서로를 선택하는 본능에 이끌리고 있는 것인지 모른다.

> “이토록 세밀하게 분석하는 것은, 그들 사이에 태어날, 즉 둘의 장점의 결합인 개체를 종의 정령인 듯 상상하며 명상하기 때문이다.”(『의지와 표상으로서의 세계』, 「사랑의 형이상학」)

이어 자연은 자기만의 특별한 방식으로 두 기질을 결합한다. 정신적 자질은 육체적 기준들에 비해 부차적이기는 하지만 또 하나의 선별 기준 요소다. 쇼펜하우어에 따르면, 아버지는 용기와 기질을 물려주고, 어머니는 지적 능력을 물려준다. 남자는 아름다운 얼굴을 물려주는 것이 아니라, 마음과 정신의 자질을 물려준다. 그래서인지 여자들은 남자 상대에게서 특히나 이런 자질을 많이 보며, 얼굴에 대해서는 훨씬 관대한 편이다. 여자들은 남자에게서 어떤 단호한 기질이나 권위 같은 것을 기대한다. 우리 주변에서 여자들의 매력을 끄는 남자를 잘 살펴보자. 용맹하고 영웅적이며 남성적인 모델이 여자들에게는 아직도 선호하는 유형으로 남아 있다.

하지만 고정관념에 빠져서는 안 될 것이다. 쇼펜하우어는 우리가 자신의 부족한 부분을 상대를 통해 보완하려 한다는 것도 내다보았다. 이른바 '남성적'인 여성이 '여성적'인 남성에게 더 끌릴 것처럼 말이다. 섬세한 감성이 부족하다고 느끼는 여성은 자신이 가지고 있지 않은 섬세함을 자신의 동반자에게서 찾을 수 있다. 만일 당신이 외향적인 사람이라면, 반대로 내성적인 사람에 끌릴 것이다. 분명한 것은, 다시 한번 말하지만, 짝이 되게 만드는 것은 유사함이 아니다. 쇼펜하우어도 말했지만, 자연은 두 상대 중 하나를 선택할 때 이런저런 장점을 전승할 수 있는가를 헤아린다. 따라서 자연은 장점이 중복되는 것을 원하지 않는다. 서로

일치되지 않는 특질이 복수가 되는 것을 원한다. 그런 다음 자기 방식대로 둘을 조합한다.

가끔 이런 말을 듣는다. "저 남자는 저 여자한테 안 맞아." 혹은 그 반대다. 왜냐하면 두 사람의 학벌이 같지 않거나 교육 수준이 달라서다. 하지만 정신이 아니라 육체가, 본능적이고 무의식적인 그 무엇이 상대를 선택한다는 것을 잊어서 하는 말이다. 사랑의 비밀이라면, 사랑은 특히 곰곰이 생각한 끝에 하는 선택이 아니다. 장점과 단점의 무게를 일일이 재본 다음에 하는 것이 아니다. 다시 한번 말하지만, 커플의 아름다운 조화가 목표가 아니라 번식의 '성공'이 목표다. 자연이 보기에는, 완전히 상반된 두 개인만이 자식을 잘 만들 수 있다. 아름다운 정신은 열정적인 사랑을 즉각 일깨우는 데 충분하지 않다. 관건은 다른 데 있다. 정신적으로, 또한 윤리적으로 매우 흥미로운 두 사람이 만나고서도 사랑에 빠지지 않는 이유가 여기 있다. 결혼을 위해서는 정신세계도 현명한 선택 기준의 하나지만, 그것은 이성적인 결혼이지 여기서 문제 삼는 열정적인 사랑의 사안은 아니다.

따라서 지성의 차원에서 서로 이질적인 커플이 만들어지면, 한쪽은 거칠고 투박하고 조금 둔하다면 한쪽은 매우 섬세한 감성과 예민하고 교양 있는 심미안 가득한 정신세계를 지니고 있다. 거꾸로 한쪽이 천재 기질이 있다면, 다른 쪽은 거위 기질, 그러니까 조금 모자라다! 이렇게 된 것은 선택에 이르는 본능 때문이지

지성 때문은 아니다.

일단 선별이 끝나면, 동화도 끝이 난다. 사랑했던 연인은 같이 살면서 크나큰 어려움을 빨리도 만나게 된다. 실망에는 두 가지 원인이 있다.

우선, 사랑은 짝짓기를 위한 목적으로 자연이 만들어낸 환상이니 아이가 생기면 이제 자연은 마법을 만들어낼 필요가 없다. 도취는 끝났다. 일종의 관능적 열기 속에 서로의 품 안으로 뛰어들었던 연인은 이제 그런 연금술 없이 서로를 마주한다. 그들의 감각은 쥐 죽은 듯 고요하고, 서로를 있는 그대로 바라보는 데 이제 슬슬 짜증이 나기 시작한다. 부드러운 감각의 동요가 예민한 신경질에 자리를 내준다. 어제까지만 해도 내부에 잠자코 있던 열기와 불기였건만, 핑계만 있으면 서로 으르렁댄다. 자질구레한 분노들이 매일같이 발사된다.

자연은 정신적으로 적합한 상대를, 그러니까 소울 메이트를 상대로 선택하지 않았다는 것을 기억해야 한다. 아름답고, 가장 튼실한 최상의 후예를 만들기 위해 우리의 결핍을 채워줄 생부(혹은 생모)를 선택했다는 것을 기억해야 한다. 그래서 육체적 상호 보완성을 가장 우선적으로 찾았던 것이다. 우리의 정신은 육체적으로 끌리는 상대를 선호한다. 물론 어떤 계획이나 취미를 공유하려면 유머 감각이나 부드러움, 같은 취향을 가진 상대를 좋아하기는 하지만 말이다. 그러나 자연은 연인들 간의 이런 성격적 조화는 별로 고려하지 않고 오로지 육체적인 완벽한 조화만을 유념한다. 영혼은 육체가 상대에게 강렬한 매력을 느낄 때, 상대를 알아볼 수 있다. 이것이 분리되면 고통스럽다. "분명해, 저 남자일 거야" "그래, 저 여자일 거야" 이런 확신도 거의 오래가지 않는다. 우리의 영혼은 의심을 품는다. 질문을 한다. 결별을 요구한다. 이 정도면 됐다고 선언한다. 싸움이 일어난다. 또 우리 몸은 화해를 하려고 무던히도 애를 쓴다. 왜 이러는지 이해되지 않는다. 사랑은 노기를 띠고 있다. 정신적인 부분과 육체적인 부분이 이런저런 강론 사이에서 흔들린다. 마음의 분란은 상대에 대한 혐오감을 넘어 적대감까지 낳는다. 이러는 사이 결정된 결혼은 매우 불행할 수밖에 없다.

> "사랑은 흔히 외부 조건과만 모순이 생기는 것이 아니라, 여성을 대하는 고유한 개별성, 즉 성적 관계로 이루어진 일종의 추상성과도 모순이 생긴다. 성적 관계는 연인에 대한 증오와 경멸, 공포의 대상이 될 수도 있다."(『의지와 표상으로서의 세계』, 「사랑의 형이상학」)

관심 있음을 적극적으로 내보이면서 그 열정의 대상과 하나가 되어 마침내 인류라는 종의 섭리를 완성하고 나면 이제 남자의 환상은 사라진다. 그토록 사랑했던 여자는 이제 '인생의 끔찍한 동반자'가 되어 있고, 그 여자 옆에는 이제 아주 이기적으로 변한 괴물 같은 남자가 있다.

"우리는 매우 이성적이고 탁월한 남자가 분노와 심술에 가득 찬 여자와 커플이 되어 있는 것을 보는데, 어떻게 그런 선택을 할 수 있었는가가 이해되지 않으면 이것 또한 설명되지 않는다."(『의지와 표상으로서의 세계』, 「사랑의 형이상학」)

연인들은 일단 살이 포식되고 나면, 고통의 삶을 선고받는다. 사랑은 이제 행복을 의미하지 않으며 우리 발 앞에서 무너지는 신화적 양상을 띤다.

그런데 사랑의 결혼이 아니라 이성의 결혼을 할 수도 있다. 육체적인 부분은 부족해도 훨씬 부드러운 관계가 유지될 수 있다. 만일 배우자 중 한쪽이 다른 열정적인 사랑을 만나 간통의 유혹을 느낀다면, 비난만 할 일은 아니다. 아니, 그 반대다! 쇼펜하우어에 따르면, 이런 뜻밖의 열정적인 사랑은 인간 종에 이로운 일이다. 지극히 충성스럽고, 도덕적으로 섬세한 정신도 정념의 사랑, 다시 말해 자연이 준 피할 수 없는 사랑에 빠지면 간통을 피할 수 없다. 서로의 품에 안긴 연인들은 피할 수 없는 힘을 느끼기 때문이다. 자연은 이성보다 강하다. 연인들은 이기적이고 개인적인 이해관계(사회적 위상, 집안의 평화, 물질적 안락, 개인적 영광, 명성)를 희생할 준비가 되어 있다. 이야말로 대단한 희생 아닌가?

게다가 자연의 명령에 그렇게 순순히 따르는 자들인데 굳이 비난할 이유가 있나? 중재해보려는 의지도 아무 소용이 없다. 이런 정열은 지극히 자연스럽다. 정절을 요구하는 사회적 규약에 따라 그들을 단죄할 것인가? 이런 사랑은 우리의 규범을 초월한다. 이것이 샹포르를 인용하며 쇼펜하우어가 한 말이다.

> "한 남자와 한 여자가 격렬한 사랑을 할 때, 두 사람을 갈라놓는 장애물이 무엇이든 간에, 남편이 되었든, 부모가 되었든, 두 연인은 자연에 의해 서로가 서로에게 속해 있다. 이들은 인간이 정한 법과 인습에도 불구하고 신이 정한 권리에 속해 있는 것이다."(『의지와 표상으로서의 세계』, 「사랑의 형이상학」)

이에 분노하는 자들에게, 쇼펜하우어는 신이 간통한 여인을 보호하는 것은 우리 모두가 각자 이런 실수를 범할 수 있거나 이미 범했기 때문이라는 사실을 환기한다. 게다가 우리는 사랑을 위해 모든 것을 바치며 극적인 최후를 택한 연인들을 보며 이상한 희열을 느낀다. 연인들 그 자체보다 인류라는 종의 이익이 더 상위에 있다는 것을 느껴서일까? 부모들은 이런 것을 예견해서 그렇게 반대했던 것일까? 우리가 로미오와 줄리엣에 매혹되는 것도, 아벨라르와 엘로이즈에 매혹되는 것도(아벨라르의 사랑은 거세

이후 분명 점차 사라진다) 그래서일까? 이런 사랑 이야기에서 연인들은 모든 것을 희생하는데, 우리는 바로 이 점에 넋을 잃는다. 반대로, 이성적인 결혼은 나중에 경멸을 야기할 수 있다. 우리의 자연스러운 도덕심은 자기 구현의 탐색이 아니라 어떤 초월적인 것에 대한 탐색이라는 점이 그 또 다른 증거가 될지 모르겠다.

그렇다면 왜 간음은 사회적으로 비난당하는가? 쇼펜하우어는 특히 여성들의 간음에 더 강한 선고가 내려지는 것을 주목했다. 바람기 있는 남자는 '귀여운 심장'을 가진 것으로 생각되는 반면, 간음한 여성은 '매춘부'가 된다. 여자를 향해 다들 욕설을 퍼붓는다. 여성의 몸만 아니라 정신까지 보아서일까? 사실상 의무에 불과할 수도 있는 결혼을 남자는 안 하고 넘어갈 수 있지만 여자는 자식을 위해 남편을 보호할 필요가 있다. 결혼은 출산 이후 남자를 잡을 수 있는 수단이다. 내연 관계도 오늘날에는 결혼과 유사한 암묵적 계약으로, 정절과 내조, 헌신이 요구되기는 한다. 사랑의 환상이 사라지고 나면 남자는 자신에게 부과된 의무에서 벗어나고 싶을 수 있다. 여자들은 다른 여자들이 결혼 관계 이외의 남자들과 서로 육체적 관계를 나누는 것에 실은 별다른 관심이 없다. 그런데 이렇게 되면 남자들은 굳이 결혼을 하려고 하지 않을 수 있고, 그러면 여자 종족 전체에 해가 올 수 있다. 간통을 금하는 것은 남자들이 이런 내연 관계 같은 계약을 하지 않도록 하기 위해서다. 그래야 여자들과 아이들이 구원되기 때문이다.

한편 연인들은 모두 반역자다. 종을 영속시키면서 인간 존재를 다가올 세기에도 불행하게 만들기 때문이다. 부모의 쾌락의 대가를 지불해주고 우리는 태어났다. 지난 세대가 저지른 육체의 원죄로 구현된 벌이 바로 우리다. 자연은 이렇게 부조리하고, 우리도 이렇게 부조리하다. 다음에 살펴보게 될 것은 바로 이런 문제들이다.

쇼펜하우어적 통찰

1

성행위 없는 플라톤적인 사랑을 받아들일 수 있는가? 이런 사랑은 우정과는 다른 성격을 갖는가? 당신이 타자를 만날 때 성행위는 어떤 위상을 갖나? 필수불가결한 것인가? 필요 이상의 것인가?

2

당신이 지금 하고 있는 연애나 과거의 연애를 떠올려볼 때, 당신은 타자의 몸을 탐험하는 데 얼마나 시간을 바쳤나? 방법은? 애무로써? 직접적인 관찰로써? 입술의 형태, 콧소리, 탄탄한 어깨, 두터운 허벅지, 긴 다리 등등? 이런 놀이가 마치 타자의 몸을 장점과 단점으로 파악해 일람표를 작성하는 것 같지 않나? 이상한 것을 발견하면 당신의 욕망은 줄어드는가?

3

부부 관계에서 달이 이지러지듯 욕망이 서서히 줄어드는 경험을 한 적 있나? 어떻게 이런 이탈이 일어나나? 관능적 마법이 사라지는 것이 가능한가? 더 이상 당신을 파트너로 원하지 않나? 아니면 속은 것인가? 육체적 부분을 희생하면서 상대와의 이성적인 사랑을 선택했는가? 이런 이지러짐은 첫 임신 후 갑자기 시작되지 않았나? 자연이 자신의 목표를 완수한 이상 환상을 증류할 필요가 더 이상 없는 것인가?

4

당신의 파트너와 당신을 연결하고 있는 것이 무엇인지 면밀히 살펴보자. 정신적이거나 사회적인 이유 말고 육체적인 연금술이 적어도 있지 않나? 특히 처음에는 이것이 커플 사이의 시멘트처럼 중요하지 않았나? 상대를 선택할 때 육체적 매력이 정신적 기대보다 더 강하지 않았나?

5

당신 커플은 서로 닮았나? 아니면 다르지만 서로를 보완한다는 느낌이 있지 않나? 차이 때문에 불화가 생기나? 다른 사람에게 끌렸던 이유가 나중에는 헤어지게 되는 이유가 되지 않나?

6

사랑에 빠진 상태에서도 정신적으로 바라는 것과 관능적으로 이끌리는 것 사이에 일종의 반목이 있지 않나? 가령, 난폭하고, 거칠고, 참을 수 없을 정도로 오만하고, 시끄러운 수다쟁이인 데다 머리는 텅 비었다고 생각하는데도, 이상하게 육체적으로는 끌린 적이 있지 않나? 정신과 육체 사이의 이런 '불일치'가 당신을 고통스럽게 하지는 않나?

7

당신 주변에 있는 불행한 부부들은 아이를 낳은 다음에 서로 성격이 맞지 않는다는 이유로 무언가 박탈당한 기분이 들었다고 하지 않나? 쇼펜하우어가 말한 것처럼 자연의 계략에 희생당한 거라고 생각하는가?

II 이해하기

살고자 하는 의지의 분출

예속된 '의지'

사랑에 관한 앞 장에서는 자연에 대한 우리의 예속성을 보여주었다. 우리의 지성은 자연 요소들의 표면이나 이른바 현상들에만 접근할 수 있다. 하지만 그 너머에 작용하는 것이, 그래서 '이해할 만한' 것이 있을 것이다. 우리는 지금으로서는 자연을 '물物'이라 명명할 수밖에 없는데, 여기에는 우리의 생물학적이고 원시적이며 본능적인 본성도 포함되어 있다. 쇼펜하우어는 이것을 '의지'[1]라 부른다. 쇼펜하우어에 따르면 '의지'는 알려지지 않은, 알 수 없는 '물자체'로, '살고자 하는' 형태의 표현들로 어디서건 나타나는 것을 볼 수 있다. 이 '살고자 함'은 세상에 나온 모든 것을 지속시키고, 증대하고 유지하고자 하는 노력이다. 이 '살고자 함'은 쇼펜하우어가 말하는 '의지'의 가시적 현상에 불과하다. '의지'는 비가시적이고, 포착할 수 없는 상태로 머문다. 우리가 순응하는 모든

---

1 쇼펜하우어의 의지는 우리가 보통 말하는 의지와 다른 의미다. 이를 분명하게 구분하기 위해 이 책의 원문은 대문자를 써서 'Volonté'로 통일하고 있다. 이 책에서는 작은따옴표를 써서 작은따옴표를 쓰지 않은 의지와 구분하기로 한다. 일반적 의미의 인간 의지는 쇼펜하우어가 말하는 의지의 한 표현에 불과하다. – 옮긴이

힘들은 이 유일무이한 '살고자 함'의 표현물이라 할 수 있다. 이것은 어떻게 작용하는 것일까? 이제부터 이를 살펴보려 한다.

이 '의지'의 표현은 우리 몸에서부터 시작된다. 이것이 쉽게 분석되지 않는 이유는 우리가 보통 몸에 명령하는 것을 의지가 아닌 정신의 능력으로 보기 때문이다. 가령, 나는 팔을 들고 싶다, 그러면 나의 팔이 올라간다(너, 왜 팔을 드니? 왜냐하면 내가 원하니까!). 이렇듯 의지는 육체의 편이 아니라 정신의 편에 있는 것처럼 보인다. 쇼펜하우어에 따르면 이것은 오류다. 우리 몸 전체는 '의지'의 산물이고, 물적이고 가시적인 일종의 작품이다. 인간 신체의 생리적 조직만 보아도 알 수 있다. 생식기는 성적 본능을 구현한 것이고, 치아, 식도, 장은 식욕 본능을 구현한 것이다.

> "내 몸은 가시적이 된 내 의지에 다름 아니다."(『의지와 표상으로서의 세계』, 「의지의 객관화」)

인간의 신체는 다음과 같은 결과에 따라서 '의지'의 표명이 된다.

— 모든 인간은 번식하고 싶어 하고, 이 번식 의지는 생식기에서 나타난다. 사실상 지금 난자 혹은 정자를 생산하는 당신의 몸은 번식을 목적으로 존재하는 것이다. 모든 호르몬 활동이 실은

이런 번식 의지의 표현이다.

– 모든 인간은 살고 싶어 하는데, 이런 살고자 하는 의지는 자신을 보존하기 위해 죽음과 싸우는 몸 안에 이미 구현되어 있다. 지금 당신의 면역 체계는 바이러스와 병원균에 대항해 자신을 방어하기 위해 싸우고 있다.

– 모든 인간은 성장하기를 원한다. 그래서 자라고 발전하도록 '프로그래밍'되어 있다. 현재 당신의 몸은 어떤 조직들을 수리하면서 영양분을 흡수하고, 또다시 사용함으로써 유지하고 있다.

당신은 의식하지 못하지만, 당신의 몸은 이미 효율적인 활동을 하면서 정해진 목표를 향해 나아가는 중이다. 이것은 모두 당신 안에 있는 '의지'가 하는 것이다. '의지'란 의식되는 것이 아니다. 그것은 보존과 성장, 생산을 목표로 본능적이고 무의식적인 방식으로 작동한다. 비록 의식하고 있지 않지만 우리는 항상 '원하는' 중이다. 몸에서 이행된 모든 행동이 때로는 기쁨의 산물(외부 요소가 '의지'에 이로울 때)이기도 하고, 불만과 고뇌(장애물을 만들어낼 때)의 산물이기도 한 이유도 그래서다. 움직이지 않는 몸은 휴식할 때조차 여전히 행동 중인 '의지'다. 그 증거라면, 부동성이 쾌할 수도 있고 불쾌할 수도 있다는 것이다.

우리가 우리 몸에 동화한다는 것은, 즉 '의지'의 물적 표현이 되고자 한다는 것은 현재 우리가 광물체, 식물체, 동물체에 동화되어야 한다는 의미일 수도 있다. 광물, 식물, 동물 들 역시 외부에서 볼 때는 외적 혹은 내적 운동을 통해 일정한 공간을 차지하는 부피 덩어리에 불과하다. 우리 인간 역시 외부의 시각에서는 그렇게 보일 수 있다. 만일 다른 것, 가령 고양이나 파리가 우리를 볼 때 우리가 팔을 들고 있으면 물리적 기제로 그런 행동을 한다고 생각할 것이다. 밖에서 볼 때는 그렇게밖에 볼 수 없다는 말이다. 우리가 우리 의지의 효과로 즉각적이고 무매개적인 방식으로 지각하는 내부의 것은 외부에서는 결코 볼 수 없다. 이렇게 상대적 유사성을 파악함으로써 우리를 둘러싸고 있는 것에 대해 외부적이고 내부직으로 접근할 수 있다. 식물이나 돌이 만일 의식이 있다고 가정하면, 그것들도 자신 내부에서는 그들 의지가 만들어내는 것을 지각할 수 있다고 보아야 할 것이다. 이를 부정하겠다면, 이것은 일종의 절대적 이기주의로, 우리 인간이 생물 존재 최고 서열에 있는 특별한 존재라고 믿어서다.

"외부 세계 현실의 모든 문제는 다음으로 요약된다. 우리에게 표상으로 알려진 대상(오브제)들은 자기 고유의 몸이거나 의지의 현상들인가? 이것을 부정한다면, 자기 고유의 개인만 제외하고 다른 모든 현상을 환영 같은 것으로 생각하는 것일 텐데, 이것은 이른바 추상적 에고이즘일 수 있다. 응용적 에고이즘은 이 추상적 에고이즘을 실제에 적용하는 것으로 자기 자아만 보거나 그것만 현실로 보고, 다른 것들은 모두 환영으로 보는 것이다."(『의지와 표상으로서의 세계』, 「의지의 객관화」)

이렇듯 현실 전체는 '살고자 함'으로 이루어져 있다. 살아 있거나 그렇지 않거나, 생물체이거나 무생물체이거나 다 자기 존재 안에서 지속성을 띠려 한다. 자기 자신을 보존하고, 감당하면서 자신을 둘러싼 것에 반응하는 행동은 매한가지다. 당신은 분명 이런 생각이 들 것이다. "어떻게 돌이 살고자 하는 의지로 있을 수 있는가?" 우리에게 비친 돌은 어떤 시간과 장소에서 한 자리를 차지하고 있을 뿐이며, 우리 정신세계를 동원해도 이 돌은 벽 하나를 위해 거기 있는 것 정도로 여겨질 뿐이다. 하지만 돌은 우리가 보는 표상의 차원을 넘어 그것 이상이다. 돌은 동적인 힘을 구현하고 있다. 우리 정신은 지각하지 못하지만 우리 몸이 보존과 분배와 성장의 힘들로(질료를 구성하는 원자들 사이를 연결하는 힘, 무게, 저항력, 비투과성, 광물성 등) 성숙되는 것처럼, 돌 역시나 우리 정신이 즉각 보지는 못하지만 물질 자체에 고유한 물리적 힘의 표현인 것이다.

"'의지'는 내밀한 실체로, 전체의 핵이자, 고유하고 특별한 부분의 핵이다. 거의 맹목적이다 싶은 무조건적인 자연의 힘 속에 나타나는 것이 바로 그것이다."(『의지와 표상으로서의 세계』, 「의지의 객관화」)

우리는 사물의 내적 본질인 모든 자연력 속에서 이 살고자 하는 의지를 재발견한다. 식물을 발육하고 성장하게 하며 광물을 수정처럼 만드는 힘에서도, 북쪽으로 자기를 띠는 나침반의 바늘 및 자화 현상에서도, 인간의 욕망이 이끌리는 장면이 연상되기도 하는 +와 − 같은 양극성에서도, 이 둘 사이의 요소를 조합하는 힘(가령 H2O 형태의 물은 산소와 수소 원자의 결합이다)과 해체하는 힘에서도, 또 떨어지는 돌을 지구 쪽으로 끌어당기고 태양 쪽으로 지구를 끌어당기는 중력에서도.

인간의 행위에서 보게 되는 맹목적인 생의 힘 그 자체다.

먹기 위해 일하고자 하는 의지가 곧 먹고자 하는 의지가 된다. 보존하고 생존하려는 의지가 원료를 흡수하는 신체 기관의 의지가 되는 것이다. 이것은 우리가 동물과 공유하는 생존 본능이다. 따라서 가장 이성적인 계획이 사실상 가장 모호하고 본질적이며 무의식적인 '의지'에 따라 이루어진 셈이다. 같은 성격으로 도처에서 행해지는 것이 이와 같은 '의지'다. 인간이 범한 실수라면 순전히 인간적인 의지와 물리적 세계에 속하는 힘을 구분해버린 것이다. 이른바 이런 '인간적' 의지는 근본적으로 이 자연적 '힘'과 다르지 않다. 표현하는 말이 다르고 정도가 다르지만 속성이 다른 것은 아니다.

첫눈에 반하는 사랑을 번개 같은 사랑이라고 하는데, 이것은 과학적으로도 맞는 이야기다. 두 사람이 서로에게 육체적 매력을 동시에 느끼는 현상은 뇌와 몸을 통해 감지되는 신호체계이지 의식을 통한 것은 아니기 때문이다. 두 사람은 서로에게 이끌린다. 이는 달리 말하면, 화학적으로 생긴 흥분이 만들어낸 작품이다. 사랑에 빠진 연인은 어떤 동기가 있어 그랬을 것이라고 생각한다. 상대에게 매력이 있어서라고 말이다. 동기를 의식하다 보면 매력을 일으킨 진짜 이유가 가려진다. 진짜 이유는 페로몬 작용이다.

'의지'는 정신적 표상이 없어도 작용할 수 있다. 동물적 행위의 대부분은 본능에 의한 것으로, 행위를 위해 목표를 상정할 필요가 없다(새는 알을 상상하고 둥지를 만들지 않는다). 동물은 존재하기 위해, 또 존재를 지속하기 위해 맹목적이고 무조건적인 행위를 하며 의식하지 않은 채 어떤 프로그램을 전개하기도 한다.

우리 행위의 대부분도 본능적이고 충동적이며, 나중에 그것을 의식한다 해도 극히 일부분이다.

인간은 자유로운 결정자로 태어났다고 생각하지만 환상이다. 인간은 자신의 지성이 얼마나 '의지'에 예속되어 있는지 알지 못한다. 인간은 이 의지의 충실한 노예이자 복무자인 것이다. '의지'는 그 목표를 도달하는 데에 둔다. 지성이 행동을 취하는 것은 결정이 된 다음이다. 숙고의 시간이 있든 없든 아무것도 변하지 않는다. 왜냐하면 우리가 행동하는 것은 본능에 의한 것으로, 이 본능은 다시 말해 우리가 모르는 이 '의지'다. 따라서 자유로운 결정자는 존재하지 않는다는 것을 인정해야 한다. '예속 의지'밖에 없다.

"여기서 지성은 세상의 모든 구석, 저 후미진 구석까지 수많은 동기들의 속성을 밝혀주는 것일 수 있다. 지성 내의 '의지'를 결정하는 것은 그 지성을 추월하는 것으로, '의지'는 뚫고 들어갈 수 없는 것, 더 나아가 접근할 수 없는 것이다."(『의지와 표상으로서의 세계』, 「의지는 긍정되고 이어 부정된다」)

예를 들어 사랑에 관해서도 우리는 상대를 선택할 수 있다고 믿고 그 상대와 가족을 이룰 것이라고 믿는다. 우리는 어느 정도 망설이다 결정한다. 이 망설임의 시간은 우리가 나름 심사숙고했다는 표시가 될 것이고, 선택하면서 스스로 결정했으므로 이것이 자유의 표시라고 생각한다. 하지만 나를 보완하는 상대는 자연이 이미 정한 것이다. 심사숙고란 사실상 우리 지성이 무언가를 설명하려는 노력이다. 성찰은 도움이 되지만 어떤 경우에도 결정하는 것은 성찰이 아니다. 사실 결정은 우리가 어떤 방향으로 나아가야 할지 찾고 있을 때 이미 이루어진 셈이다. 결혼을 결정하는 것은 생각이 아니다. 표상되는 이유들이 아니다. 우리의 지성이 나중에 결혼을 정당화하고자 만들어낸 것들에 불과하다. 달리 말하면, 우리는 말을 타고 달리지만 경주를 완전히 장악할 수 없는 기수와 같다. 가야 할 방향은 이미 정해졌는데, 강력한 의지인 양 이렇게 말한다. "좋아, 우리는 소나무 숲을 향해 갈 것 같다. 자, 가자! 소나무 숲을 보러 가자!"

이성은 거울 역할만 할 뿐이다. 우리가 하는 것과 우리가 원하는 것이 무엇인지 의식하게 하고, 우리가 무엇인지, 우리가 무엇을 표현하는지 의식하게 한다. 목표는 이성 말고 다른 것에 의해 정해진다. 목표에 도달하기 위한 최상의 방법을 선택하는 정도만 이성이 하는 일이다. 반면 동물은 목표도 수단도 상상하지 않고 행동한다. 가령 고양이는 자기 배설물을 덮어줄 모래가 없는데 배설물 흡수용 모래 바깥에 있는 그냥 흙을 계속해서 문지른다. 자기가 무엇을 하는지, 하나마나 한 일을 지금 하고 있다는 것을 전혀 의식하지 못하면서 맹목적 본능으로 그렇게 하는 것이다. 인간은 정신 덕에 자기 목표를 그려볼 수 있고, 그것에 도달하기 위한 수단을 마련할 수 있다. 하지만 본능과 인간의 의지 사이에는 어떤 차이도 없다. 차이라면, 의지는 스스로 의식하는 본능이라는 것이다. 우리는 심사숙고하지만 결국 쓸모없는 것이다. 선택을 할 수 있고, 자유로운 결정을 할 수 있다고 생각하지만 모두 환상이다. 우리는 이 환상을 우리 스스로에게 주는 데 너무 많은 시간을 허비하고 있다.

자연의 현상은 규칙성을 갖는데, 인간이 법을 만드는 것과 흡사하다. 우리는 왜 인간 행동에 나타나는 이런 규칙성을 지각하지 않는가? 자연적 법칙을 왜 추출하지 못하는가?

식물이나 동물에 비해 인간은 종보다 개체들에 훨씬 주목하는데, 개체들 간의 이런 구분은 가능한 행동이 다양할 수 있음을 전제한다. 그래서인지 이런 다양성 안에서 무언가를 선택한다면 충분히 자유로운 선택을 했다고 생각한다. 하지만 이것은 착각이다. 인간의 에고이즘이나 전기요법에서 나타나는 것은 모두 같은 힘으로, 일종의 '밀려서 나온' 추동된 힘이다. 앞에 있는 대상이 무엇이든 간에 추동된 것은 개별화된다(개별화된 의지라고도 말하는데, 이것 역시나 '의지'의 표현이다). 인간이라는 개체는 본질적으로 분노 혹은 에고이즘으로 자극받고 추동된다.

쇼펜하우어에 따르면, 우리 각자의 성격은 어떤 구실을 대더라도 표현되어야 하는 필수불가결한 추동으로 인식할 수 있다. 개인의 갈망은 탐욕이나 허기증으로 나타날 수 있다. 마찬가지로 나르시시즘은 반어적 행동일 수 있다. 자기 외에 아무도 필요하지 않다고 하지만 도리어 자기 눈에 비칠 다른 사람을, 더 나아가 동반자를 찾고 있다는 뜻일 수 있다. 우리 행위는 각자의 성격에 따라 정해진다.

여러 상황들이 생기면 우리의 동기는 부여되는데, 자기 기질에 따라 자연스럽게 반응하게 되어 있다. 표현될 계기만, 표현할 기회만 기다리면 된다. 가령 우리가 화를 낸다면, 누군가가 화를

나게 해서다. 그 사람이 말하는 방식 때문에 화가 난다는 것이다. 그런데 그가 말하는 방식이 문제가 아니라 나의 분노를 터뜨릴 구실을 찾고 있었던 것은 아닌가? 그런데 이런 분노는 왜 생기는가? 우리는 동기가 있어야 한다고 생각한다. 그런데 그것은 아니다. 분노는 항상 우리 안에 있고, 그것을 표출할 기회만 기다리고 있다. 부당한 개혁이라니, 말도 안 되는 소리라느니. 중력은 늘 작용하고 있지만 몸이 불균형을 이룰 때 아! 소리를 내며 표현되는 것과 마찬가지다.

> "인간 존재의 전 생애를 통한 의지란 하나의 표상에 불과한 것으로 특별한 경우에 부인될 수 있는 것이 아니다. 인간이 전 의지를 위해 단 한 번 원하는 것을 매번 특별한 경우마다 원하게 될 것이다."(『의지와 표상으로서의 세계』, 「의지는 긍정되고 이어 부정된다」)

동기란 개별화된 의지가 표현되기 위한 계기에 다름 아니다. 동기들이 매번 바뀐다면, 의지도 다양한 것이라 생각해볼 수 있다. 하지만 그것은 아니다. 결국 같은 것이 표현되는 것이다. 가령 분노는 격노나 질책이나 항의 등으로 표현될 수 있지만 본질은 같다.

경우마다 다른 동기들이 생기며 우리 개인의 의지가 이러저러하게 나타나는 것이다. 순전히 아래에 잠복해 있다 밀려 나온 것이든 맹목적 충동이든 그것은 목표도 없고 진짜 의도도 없다.

"목표도 제한도 없는 것, 그래서 끝없는 수고, 사실상 이것이 의지의 핵심이다."(『의지와 표상으로서의 세계』, 「의지의 객관화」)

의지는 배우는 것이 아무것도 없다. 시간이 흘러도 진전이 없고 후퇴도 없다. 의지는 영원을 위해 있는 듯하다. 그것이 표현되는 계기들만 변한다.

이렇게 말해보았자 소용없다. "전에는 그렇게 반응했다면 오늘은 아니야. 나는 이제 알았거든. 나는 변했거든." 우리는 결코 향상되지 않는다. 상황이 바뀌었을 뿐이다. 가령 병적인 질투를 극복했다고 믿는 여성이 있다. 새로 사귄 애인과는 절대 다시는 그런 위기가 없을 것이라고 생각한다. 하지만 이 남자가 질투를 느끼게 하지 않기 때문에 질투를 하지 않을 뿐, 미래에 같은 상황이 생기면 질투는 또다시 튀어나올 것이다.

"사람의 행동은 일단 행해지면, 그렇게 정해지고, 고착되어 끝까지 그 처음과 동일한 상태를 유지하는 속성이 있다."(『의지와 표상으로서의 세계』, 「의지는 긍정되고 이어 부정된다」)

의지는 항상 거기, 현존하고, 나타날 계기만 기다린다. 쇼펜하우어에 따르면, 자연의 힘은 충분한 조건이 모여야 반응한다. 밀알들이 테베 강가의 한 무덤에서 엄밀히 밀폐되어 있다가 30세기 후에 나타났던 것도 그래서다. 밀알들 가운데 열두 개는 마치 한 번 심겨졌다가 어떤 것도 그것을 범하지 못했다는 듯 완벽하게 엄폐되어 있다가 완벽하게 싹이 나 자랐다. 생명의 힘은 나타나기에 가장 좋은 조건이 될 때까지 한없이 기다렸던 듯하다. 현현(여기서는 식물)은 시간을 필요로 하지 삶의 원칙을 필요로 하지 않는다. 이것은 선인장도 마찬가지다. 수천 년 전에 잎들을 만들었다가 지금에야 가시를 생산한다. 습한 환경에 다시 놓이면, 바로 잎을 만들 것이다.

살고자 하는 의지가 영원한 것은 요컨대 지금의 우리와는 다른 것이 되고자 하는 노력이 부질없다는 것이고, 진보와 성장, 혹은 우리의 변화에 대한 믿음 또한 허망하다는 것이 아닐까.

이런 분석을 하다 보면, 자연은 도대체 우리에게 무엇을 바라는 건지 알고 싶어진다. 그게 무엇이든 괘념치 않을 수 있을까? 하나의 역설에 주목해보자. 자식을 낳는 일은 우리도 모르는 사이에 의지에 따라 추구된 목표인 것처럼 보인다. 사실상 사랑이라는 유혹의 가면을 썼을 뿐 비밀스러운 계획이 따로 있을 수 있다. 자연의 주요 근심거리는 생명체의 문제다. 유전자를 미묘하게 조합해 종을 개선함으로써 생명체를 더 완벽하게 만들어 진보하게 하는 일. 그런데 이것은 자연이 선하고 질서 정연해 우리의 이익과 선을 위해 우리도 모르게 어떤 좋은 작품을 만드는 거라고 우리 마음대로 상상하는 것은 아닐까? 인간, 동물, 식물이라는 이 생명체를 '자연'이 만들었으니 말이다. 그런데 자연은 다시 이 생명체들을 완력으로 희생한다. 대량 생산하고 대량 파괴한다. 신생아를 만듦과 동시에 약탈과 포식은 계속된다. 길을 걷다가도 사고를 당할 만큼 생명체들은 하필 거기를, 하필 그 순간에 지나가는 불운을 겪는다.

진보를 말하지만, 진보란 없다는 사실을 우리는 안다. 생물 종은 환경에 적응하며 살아가고, 신택받지 못한 환경은 덜 정밀해도 기초적인 기능과 작용에는 유리하게 적용될 수 있다. 그러니까 자연은 생명체를 개선하는 일을 하는 것이 아니다. 이것이 우리가 처한 해괴한 역설이다. 한쪽에서는 부추겨져 번식을 하고, 다른 쪽에서는 이런 번식이 어떤 이익도 없다는 것을 우리로 하여금 깨닫게 하는 일이 벌어진다. 자연이 무슨 대단한 목표가 있어서 그러는 것이 아님을 깨닫게 된다. 결국 여기에는 어떤 이상한 것이, 부조리한 것이 있다고 결론 낼 수밖에 없다. 사실상 우리가 굴복하는 이런 의지는 맹목적이며 목표도 없고 광적이다. 그러니 긍지를 느낄 수도 없다. 인간은 겨우 의미가 부여되고, 지성이라는 것도 방향성을 잡아가는 정도에서만 겨우 정당화된다. 이런 모든 것도 다 본능에 의해 작동된 것이라니. 요컨대 인간의 정신적 구조물은 커다란 모순을 만나 마치 카드로 쌓아 올린 성이 한순간에 무너지듯 무너진다.

자연의 질서는 모순 자체이며, 비합리성 자체다. 이어 이것을 확인하게 될 것이다.

인간 개체는 본능이 충족되면 마치 꽃이 피듯 온 존재가 만개하는 기분이 들 수 있다. 자연은 개체들을 번식하게 한 다음, 이제 그 최상의 만족을 위해 성교하게 한다. 바야흐로 물적 실존에 들어간 것일 수 있다.

"'의지'의 화덕은, 그러니까 그 중심은, 그 최상의 표현은 성적 충동과 그 만족에 있다. 이는 부인할 수 없는 사실이며, 자연은 일종의 상징적 언어로 이것을 순진하게 밝히고 있는데, 인간과 동물은 바로 이 성적 기관의 문을 통해서만 세계 속으로 들어오지 않았나."(『의지와 표상으로서의 세계』, 「살고자 하는 의지의 긍정에 대하여」)

사실상 우리는 여성인 어머니의 성기를 통해 세계 안으로 들어왔다. 이것은 매우 상징적이면서도 직접적인 방식으로, 자연에 있어 생산자의 이런 도구는 매우 중요한 의미를 갖는다.

그런데 우리가 이런 기관을 통해 오르가슴의 차원을 발전시켰다 해도, 아니면 적어도 실존에 있어 우리가 어떤 궁극적인 쾌락을 느꼈다 해도, 그 즉시 그것을 부끄러워하고 뉘우치는 모순된 감정을 갖는다. 사실 모든 개체는 성에 대해, 혹은 성행위에 대해 내밀한 부끄러움을 갖는다. 몽테뉴는 이미 『수상록』에서 이런 여백의 주석을 달아놓았다.

> "이런 것이 사랑이다. 행위를 하는 즉시 슬픔과 이상한 자책이 밀려오고, 특히 처음일 때는 더더욱 이런 감정에 자신을 내맡기게 된다. 그런데 이것이 일반적으로 말해질 때는 매우 숭고한 것으로 표현된다."(『수상록』)

대大플리니우스는 또 이렇게 말했다.

> "인간만이 첫 성교를 후회한다. 생은 그렇게 예감된다. 태초에 회개가 있었다."(『자연박물지』, X)

이런 데서 영감 받은 영화가 하나 있는데, 1996년 브리지트 로위앙이 만든 〈성교 후 슬픈 짐승〉이다.

자연은 제 마음대로 우리에게 그 유일무이한 쾌락을 주어놓고 또 그 쾌락을 독살한다. 그러면서 또 이 먹먹한 죄의식과 후회감과 어렴풋한 수치심을 지니고 살아가라 선고하는 것이다. 우리의 본능마저 완전히 만족감만은 줄 수 없다고 하는 것 같다. 우리는 우리의 삶 속에서 이런 모순을 산다. 이 반목적인 '살다'와 '원하다' 속에서 우리는 살아간다. 왜 산다는 것은 조용히 길게 흐르는 강물이 아닐까. 자연은 왜 이토록 일관성도 없고 부조리한가? 자연은 우리에게 늘 근원적인 질문을 하게 한다. 우리 삶의 고통과 비참함, 그리고 노력은 성과를 통해 보상되는 것일까? 요약하면, 이런 인생 놀이는 촛불놀이만큼의 가치가 있는 것일까?

쇼펜하우어적 통찰

1

(성욕이든 식욕이든) 당신은 본능이 충족되면 오래가는가? 아니면 지나가는 쾌락처럼 느끼거나 바로 후회하는가? 충동이 당신을 행복하게 한다고 생각하는가? 충동적인 속성을 갖는다는 것은 무엇을 의미하는가?

2

동기(실질적 이유)와 구실(진짜 이유를 감추기 위해 소환한 이유) 간에 항상 차이가 있는가? 누군가에게 화가 났다면 당신의 화를 분출할 구실을 그 사람에게서 찾은 것 아닌가? 당신의 적대감을 보여주기 위한 기회에 불과하지 않나? 당신의 모든 기분 변화는 이런 식 아닌가? 최근 누군가에게 화를 낸 적 있다면 어떠했는지 살펴보자. 이 분노의 이유가 진짜 이유인지, 아니면 당신의 신경질과 짜증을 풀기 위해 이 기회를 택한 것은 아닌지?

3

당신의 삶에 있어 여러 마음 작용을 보면 이런 힘과 관련한 단어로 비유되어 표현될 만한가(욕망 분출을 위한 수액 상승, 무게감에 따른 낙하, 필요성과 연관된 충동 본능, 어떤 사람 혹은 어떤 것에 끌리는 자기磁器 작용, 복잡한 관계망 속에서 균형을 잡기 위한 결정 과정)? 당신에게 벌어진 모든 일이 분출하지 않으면 안 될 것 같은 무분별한 에너지를 쏟아내기 위한 일련의 기회들 아닌가?

4

당신의 행동과 태도는 다양한데, 자세히 들여다보면 근원은 같지 않나? 모터 비슷한 것이 작동하지 않나? 당신의 성격 중 하나가 이런 다양한 경우를 만나 표출되는 것은 아닌가?

5

흔히 이런 말을 한다. "나는 좋아졌어. 전과 같은 실수는 다시 하지 않을 거야." 하지만 내적 작업을 통해 당신의 단점들은 버려졌는가? 당신 인격의 어떤 면이 개선되었는가? 사실 상황이 변해 당신의 나쁜 버릇이 발현될 기회가 없어진 것 아닌가? 다시 그런 상황에 처해 또 단점이 나타난 적은 없는가? 한때 그랬던 것처럼 같은 조건이 다시 모이면 언제든 당신 고유의 나쁜 버릇이 표현될 것 같지 않은가?

예속된 지성

변하는 것을 원할 수도 있지 않을까? 지성은 '의지'에 복무하는 자이므로 의지에 어떤 것도 명령할 수 없음을 앞에서 이야기했다. 우리는 자유로운 결정권도 없고, 우리 행동을 선택할 능력도 없다. 자율성이라는 환상을 가져도 어려움이 없는 것은 아니며, 우리의 정신은 늘 '의지'의 힘에 예속되어 있다. 위기에서 벗어나면 또 위기에 봉착하듯 실수는 또 실수로 이어지고 우리는 비이성성의 노리개 같으며, 우리 삶은 피할 수 없는 병리적 요소로 가득하다. 우리는 외양 속에서 길을 잃는다. 우리가 관조하는 질서 체계는 우리 정신이 만든 것이다. 이 아름다운 조합 아래 힘들이 대결하고 있고 우리는 이쪽에 순응했다 저쪽에 순응했다 한다.

한 사람의 성격은 전체적인 정신적 특성으로, 이로써 다른 사람과 구분되며, 각자의 행동으로 표현된다. 성격은 살고자 하는 의지에 따라 정해지고, 이것이 각 개인의 정체이자 본질이 된다. 우리는 이 점에서 어떤 자유도 없다. 무엇을 하든 우리 행위의 다양성 속에서 멈추지 않고 표현된다. 이렇게 변질되지 않는 성격은 가령 떡갈나무가 이파리, 꽃, 껍질, 열매 같은 모습을 통해 자신을 표현하는 원리와 같다. 플라타너스가 밤나무나 떡갈나무와 구분된다면 이로써 구분되는 것 아니겠는가.

> "한 그루 나무는 전체로 보자면, 한 가지 같은 노력이 늘 반복되어 나타난 것으로, 가장 단순한 그 첫 가시적 형태는 섬유질이다. 이어 비슷한 섬유질까지 연합해 이파리, 잎 꼭지, 나뭇가지, 줄기 등을 만드는데 우리는 이런 산물 속에서 같은 노력을 알아볼 수 있을 것이다. 이와 마찬가지로 한 사람의 행동은 형식만 변화될 뿐 거기서 어떤 관념적 성격이 반복해서 해석된다. 이렇게 행동 전체를 추론하면 경험에 의거해 귀납적으로 그 사람의 성격을 정할 수 있게 되는 것이다."(『의지와 표상으로서의 세계』, 「의지는 긍정되고 이어 부정된다」)

한 인간의 행동을 관찰하고 그 성격을 도출하면 그의 모든 행동을 예측할 수 있을지 모른다. 왜냐하면 우리 각 개체는 불변하니까. 단 한 번의 나쁜 행동이 앞으로 있을 여러 다른 행동의 담보일 수 있다.

롤랑 조페 감독의 영화 〈미션〉에서 로버트 드니로는 로드리고 멘도자라는 인물을 연기했는데, 생명에 대한 존중보다 사랑이라는 감정을 우위에 놓는 인물이다. 이러한 성격 때문일 수 있지만 사랑 때문에 사람을 살해하기에 이른다. 영화 초반부에서 노예상인 로드리고는 사랑과 질투 때문에 동생을 살해한다. 자책감으로 그는 거의 자살 지경에 이르는데, 사실 동생에 대한 사랑이 지나쳐 자신을 죽이는 방법으로 동생을 살해한 것일 수도 있었다. 하지만 한 예수회 사제와의 만남으로 그는 구원받는다. 이 예수회파 신부는 그를 과라니족 공동체 마을로 데려간다. 로드리고는 여기서 원주민을 통해 사랑하는 법을 다시 배우고, 개종해 예수회파의 일원이 된다. 신에 대한 충성 서약도 한다. 이렇게만 보면 그는 말 그대로 개종해 구원받은 것처럼 보인다. 원래의 자기에서 나와 전혀 다른 사람이 된 것처럼 보인다. 그런데 이 마을이 포르투갈 손에 넘어가고 과라니족 마을이 약탈당한다. 로드리고는 사랑하는 과라니족 원주민을 구하기 위해 무기를 들고 포르투갈인들을 죽이기로 결정한다. 무기를 드는 것은 신에 대한 서약에 반하는 것이다. 요컨대 '개종'을 했지만 아무것도 변하지 않은 셈이다. 신에 대한 복종 서약을 했으므로 그는 어떤 피도 흘리게 해서는 안 되고, 평화주의자로서 사랑을 실천하는 길을 택했어야 한다. 하지만 그의 기질이 여기서 다시 한번 표현된다. 그에게는 이유와 명분이 더 중요하고 정당하며, 그것을 지키는 것이 더 영웅적으로 보였을 테다. 그렇다면 그의 기질은 이전과 동일한 셈이었다.

자신의 기질을 표현하는 경우들은 변할 수 있지만, 기질 자체는 변하지 않는다. 그것을 다시 표현할 새로운 자극만을 현실에서 기다린다. 바로 이것이 우리를 지배하고 있는 깊고 무의식적인 본성이다. 우리는 어떤 자유도 없다. 우리는 항상 이것을 직감적으로 알고 있다. 자기 자신에 대해서는 잘 몰라도 적어도 다른 사람들에 대해서는. 그도 그럴 것이 우리는 한 번 배신한 사람을 더는 신뢰하지 않는다. 반면 과거에 단 한 번 신실한 충성을 보여준 사람은 끝까지 신뢰한다.

그런데 어떤 사람이 변한 것 같은 기분이 들 때도 있다면, 왜 그럴까? 이런저런 영역에서 나아진다고 해도 우리의 본질은 불변한다면서 말이다. 어찌 되었든 경험을 통해 우리는 배우고 변하는 것 아닌가?

배움이 있다면, 지성은 '의지'를 밝혀서 지성이 제안하는 어떤 목표를 향해 나아가도록 안내해야 한다. 그런데 전혀 그렇지 않다. 목표는 의지를 통해 정해진다. 지성은 이 목표에 도달하기 위한 수단들에 한해서만 작동한다. 즉, 수단들을 수정하는 데만 사용되는 것이다.

가령, 한때는 탐욕적이었는데 지금은 관대해진 남자가 있고, 그래서 상당히 변한 것처럼 보이는 남자가 있다. 이 사람의 특징은 항상 에고이즘이다. 에고이즘을 구체화하는 수단만 변한 것이다. 만일 이 남자가 이 땅에서 선을 행하면 인생이 백배로 보상되는 천국으로 가는 교환권을 얻게 된다면, 이 남자는 기꺼이 관대해질 것이다. 또 다른 에고이즘일 뿐이다. 달리 말하면 다양한 동기 아래 표현되는 같은 에고이즘일 뿐이다. 그가 탐욕적으로 보였을 때는, 자기가 누군가에게 돈을 주면 파산할 것이라고 생각해서일 수 있다. 그의 에고이즘은 변한 것이 아니다. 지성이라는 조명 아래 동기가 변한 것뿐이다.

우리 인생에서 우리가 변해간다면, 순박함에서 영악함으로의 변화일 수는 있겠다! 우리가 자신을 의식하면 할수록 우리는 우리 자신을 덜 감추는 것이 되고, 다르게 보이려는 노력을 덜하게 된 셈이다. 그 결과는 그다지 유쾌하지 않다.

"그 긴 시간 동안, 그저 우리는 우리 자신을 알아가는데, 결국 우리가 생각하는 우리와 우리 자신이 얼마나 다른지 알게 된다. 그리고 이런 발견에 우리는 깜짝 놀란다."(『의지와 표상으로서의 세계』, 「의지는 긍정되고 이어 부정된다」)

경험은 우리에게 아무것도 가르쳐주지 않았다. 우리를 결코 진전시켜주지도 않았다. 그저 우리 인생의 시작부터 끝까지 보유하고 있는 우리의 진짜 성격을 밝혀줄 뿐이다.

후회를 한다는 것은, 과거에는 다른 의지를 가졌고 그것을 후회한다는 것이므로 우리가 결국 변했다는 사실을 보여주는 것이 아닐까? 달리 말해, 지난 의지가 좋지 않았기에 오늘은 그 의지가 바뀌었다는 것이 아닐까?

쇼펜하우어는 이에 대해 후회의 연유인 의지의 차원이 변한 것이 아니라 생각의 차원이 변한 것이라고 말한다. 우리는 우리가 원하는 것을 후회하는 것이 아니라 우리가 실제로 한 것이랄지 의지의 표현이 충분하지 못했던 것을 후회하는 것이다. 개념을 잘못 잡아 잘못된 결론을 이끌어냈기 때문이다. 그것을 눈치 채면 우리의 판단은 수정된다. 그리고 후회가 생겨난다. 따라서 이 후회는 우리의 미숙함과 무경험에서 비롯된다. 우리는 그렇게 잘하지 못한 것을 후회한다. 예를 들어 학창 시절 공부를 더 철저하게 하지 않은 것, 연애나 어떤 제안을 제대로 하지 못한 것을 후회한다. 그때는 의지가 없었나? 아니다. 우리는 우리가 갖고 있는 시간 안에서 '살아야' 한다며 우선 '해야' 하는 것부터 하는 데에 너무 몰두했다. 나중에 와서야 경험이 없었거나 주변의 영향 탓에 헤맸다는 것을 깨닫는다. "아, 진작 알았으면!" 하고 후회하듯 '원하다'보다는 '알다'에 더 비중을 두며 한탄하는 소리나 하게 된다.

후회는 도덕적 차원에서도 올 수 있다. 가령 우리의 기질이 이미 지니고 있는 에고이즘을 발휘해 행동할 수도 있었는데, 필요한 것 이상의 행동을 하거나 다른 사람의 계략이나 거짓말, 사악함 등을 간과해 실수했을 수도 있다. 아마 누군가와 말다툼을 하는 와중에 너무 무지막지했거나 비열했음을 후회할 수 있다. 그런데 그 순간 당신이 정말 하고 싶었던 것, 그러니까 그 사람에 대한 적대감, 그와는 내가 다르다는 것을 표현하고 싶었던 내 마음 자체를 후회하는가? 아마 그것은 후회하지 않을 것이다. 이런 종류의 경고를 받을 만한 다른 누군가가 앞에 있었다면 또 그렇게 했을 것이다. 그렇다. 당신이 후회하는 것은 당신이 그렇게 비열하고 유치한 모습을 보여준 방식을 후회하는 것이다. 그것은 당신과 닮지 않았고, 당신과도 맞지 않는다. 쇼펜하우어가 말하려는 점이 바로 이것이다. 쇼펜하우어는 우리 본성이나 기질과 맞지 않아 무언가가 어긋나면 우리는 그것을 후회하는 것이라고 말한다.

이른바 '추상적으로' 헤아릴 수 없는 몇몇 이유들 때문에 너무 서두르거나 깊이 생각하지 않고 행동해 정신적 자책을 할 수는 있다. 순간 포착되는 인상이나 우리 안에서 깨어나는 열정이 너무 강렬해 이성을 차릴 수 없을 때도 있다. 하지만 이것 역시 우리를 비참하게 만드는 것은 그 당시의 우리의 의지가 아니라 그 상황에 대한 우리의 잘못된 지각이다. 아마 누군가를 깊이 배려하지 않고 행동한 일이 있을 것이다. 그 사람이 이 상황에 아무 상관이 없을 것 같다고 빨리 판단했기 때문이다. 그런데 그래서 그런 것이 아니다. 당신은 아직 보지 못했고, 느끼지 못했고, 이해하지 못했기 때문이다. 무엇을? 바로 이어 너무나 씁쓸하게 당신이 후회할 것을 말이다. 당신이 그런 실수를 범하게 된 것에 대한 분석이 부족했다면서 말이다. 성찰의 차례가 되면 당신의 원칙을 '수정'하는 차원의 성찰에 불과하다. 후회가 거기서 생겨나고, 가능한 차원에서 행했던 것을 수리하기만 할 뿐이다.

우리는 이렇듯 우리 의지를 결코 의심해서는 안 된다. 도리어 우리를 더 깊은 후회로 몰아넣지 않기 위해 가능한 한 우리 의지를 표현해야 한다.

> "내가 한번 원한 것은, 여전히 원해야 한다. 왜냐하면, 나는 이 같은 의지 자체이며, 그것은 시간과 변화 바깥에 있는 것이기 때문이다."(『의지와 표상으로서의 세계』, 「의지는 긍정되고 이어 부정된다」)

흔히 보는 또 다른 후회 형태가 있다. 고백하기는 그렇지만, 충분히 이기적이지 않았던 것을 후회하는 것이다. 이번에는 다른 사람에 대한 과잉 신뢰로, 혹은 이 세상의 선에 대한 상대적 가치를 알지 못해, 혹은 더는 믿지 못하게 되면서 생긴 몇 가지 추상적 교리로, 우리는 자연스럽게 우리 이기심을 가혹하게 학대하면서 행동하기도 한다. 바로 그때 가책이 생겨난다.

이런 후회 역시나 우리의 깊은 의지나 기질과 약간의 거리를 둔 채 연결되어 있는 후회라는 것을 짐작할 수 있다. 이것은 다시 말해, 우리가 우리의 성격대로 되어야만 한다는 것을 암시하고 있다. 그렇게 살지 않으면 연속적인 후회가 생길 것이다. 더 나아가 쓸데없는 괴로운 자책감만 가지게 될 것이다.

만일 '의지'가 순수한 방식으로 표현될 수 있다면, 우리는 더 이상 후회하지 않게 될 것이다. 하지만 지성의 동기들은 이런 순수 표현을 구속하는 듯하다. 가령 너그러워야 한다는 사회적 명령이나 해야만 해서 하는 것은 우리의 절대적 에고이즘이나 깊은 본성을 구속하는 것일 수 있다. 더불어 우리 자신에게 충만할 수 없으니 자책감이 드는 것도 당연하다.

우리는 우리 자신을 속이는 데 너무 많은 에너지를 소비한다. 우리의 깊은 '의지'가 조금도 반짝거리며 빛이 나지 않는다는 것을 직감적으로 알지만, 우리는 고귀하고 아름다우며 사랑스러운 동기들을 억지로 생각하며 상상한다. 그 결과 우리는 정말 우리가 원하는 것에서 멀어지게 된다. 이런 동기들 때문에 우리는 자책이라는 쓰라린 고통에 내던져진다.

> "우리 자신을 속여야 되는 사안에서 우리는 거짓말하고 아첨하는 데 그만 한 기술을 쓸 수 없기 때문이다."(『의지와 표상으로서의 세계』, 「의지는 긍정되고 이어 부정된다」)

나올 만해서 나온 행동인데 그것을 감추기 위해 우리는 서둘러 핑계를 대고, 잘못 풀려나가는 스토리 속에서 길을 잃는다. 우연히 벌어진 일이라고 하고, 스트레스나 피로 탓이라고도 한다. 일시적 사랑으로 또는 너무 마신 술 탓에 '나쁜' 사람과 놀다가 아이를 임신하게 되었다고도 하고, 싸움을 하다가 어떤 진실이 말로 튀어나오기도 한다. 자신의 깊은 의지를 고백하지 못하고, 냉정하게 행동으로 옮기지 못한 탓에 우리는 결국 길을 잘못 들어선다. 사실상 타자가 나에게 기대할 것, 사회가 나를 두고 판단할 것 등에 대한 의식이 늘 있다. 그래서 어떻게 그랬는지, 무엇을 느껴서 왜 그렇게 행동했는지 등 설명하려고 애를 많이 쓰는 사람일수록 사실상 그가 이야기하는 것들은 대부분 자기 자신을 향한 방대한 사기라고 결론지을 수밖에 없다. 자신의 이야기를 믿게 하려고 그는 분명 당신의 동의를 염두에 두고 있는 것이다.

우리 과거는 우리의 의지 표명에 다름 아니다. 그런데 왜 그것을 후회하나? 우리는 우리 자신과 그다지 조화롭지 않고 뒤범벅된 가짜 동기들 아래서 우리 의지의 충동을 재발견할 뿐이다. 정말 자기 자신 그대로 있는 것이 그렇게 쉬운 일은 아니다.

이성은 진보처럼 보이며, 인간은 다른 동물보다 우월한 듯 보인다. 동물에게 의지는 본능처럼 나타나지만, 인간에게는 그것이 도달해야 할 최상의 가치다. 생존을 위해 인간은 자신에게 필요한 유형의 영양분과 피해야 할 유형의 위험을 알아야 할 필요가 있다. 이렇게 사물을 표상해야 할 필요는 두 가지로 해석될 수 있다. 이 계획에 사용되는 조직의 기계적 형태(가령, 복잡성을 띤 뇌)와 의식의 형태. 이런 동기들은 본능이라는 맹목적인, 밀어붙이는 힘이 정신에 투영된 것이어야 한다.

하지만 몸에서 떼어내진 이성은 가짜 동기들을 제안하게 된다. 우리가 흔히 이기심으로 하는 행동을 정당화하기 위해 불러내는 것들은 모두 이런 고상한 이유들이다. 이런 동기들은 대략 주변에서 말하는 윤리나 규범, 종교 같은 모든 미신들의 영향을 받는다. 구두쇠가 온정을 베푸는 것은 언젠가 그 백배의 보상이 돌아올 것을 기대해서다. 사이비 지령들이 이성에 주입되는 것이다. '이렇게 해야 해' '저렇게 해야 해' '이것은 하면 안 돼' '저것은 하면 안 돼' 등을 속으로 내뱉어보지만 사실 우리 기질에 맞는 것은 아니다.

따라서 이성은 인간을 조금도 해명하지 못한다. 반대로 이성은 그것이 창조된 의도와는 상관없이 부적절하게 사용된다. 본능적 충동만이 훨씬 효과적일 것이다(이성의 조명 아래 본능이 구속된다). 가끔은 선택을 하는 데 있어 생각을 깊이 하고 심사숙고를 하면 할수록 더 혼란스럽다. 길을 잃는다. 결정할 수가 없다. 결국 모든 심사숙고에서 나와 비이성적인 본능적 직감으로 결정하고 행동하지 않나? 거기서 주목할 만한 발전이 나타나 놀라기도 하는데, 이성은 우리에게 빛을 가져다준다고 여전히 믿어서다. 사실상 이성은 혼돈과 속임수와 고통의 요소일 수 있다.

다시 한번 말하지만, 의지는 평균치를 벗어난 비합리성 속에서 나타난다. 그것은 그저 뿌리 깊고, 일관되며, 비논리적이고, 스스스로를 먹어치우며 터무니없이 부조리한 자신의 본성을 드러낼 뿐이다. 쇼펜하우어는 이것을 호주의 개미-불독과 비유했다. 이 개미는 잘린 듯 둘로 나뉜 개미로 두 부분이 서로 다투는 형상을 하고 있다. 머리는 꼬리를 물고 있고, 꼬리는 자기 바늘로 용감하게 방어한다. 우리들 역시 이렇게 나뉘어 있다. 그리고 이런 투쟁에 대해 혹독한 대가를 치른다. 우리는 늘 스스로에 대해 일정한 동요를 겪는다. 우리에게 부합하지 않는 이상에 부합하려고 애쓴다. 우리의 진짜 모습에 우리는 겁이 나며, 우리 모습 그대로에 동의하지 않음으로써 회개라는 통렬하고 쓰리다 못해 뼈아픈, 치유할 수 없는 고통을 스스로 떠안는 것이다.

루이 아라공이 말했듯이, 인간의 삶은 "이상하고 고통스러운 결별"[1]이다.

1 『프랑스의 다이아나』, 「행복한 사랑은 없다」.

쇼펜하우어적 통찰

1

당신 의지가 집요하게 펼쳐지는 것을 분명하게 보는 동안 눈부신 명철함이 생기는 것 같지 않나? 우리는 우리가 원하는 것을 항상 정확하게 인식하지 못한다. 명철함이 부족하다고 해서 우리 의식이 무능한 것은 아니다. 우리가 우리 자신과의 관계를 스스로 흐려놓기 때문에 생기는 문제다. '때가 되면 알겠지.' 가끔 이런 혼잣말을 하지 않는가? 사실 거의 의식은 안 하지만 당신 의지에 따라 이미 결정된 계획을 행동하는 것은 아닐까?

2

어떤 방식으로 행동할 때 그 이유가 무엇인지 따져보는 시간을 가져보라. 좋아 보이기 위해 필요해서 하는 방식인지, 당신과 닮지 않았는데도 하는 것은 아닌지? 대화를 할 때 사람들이 주로 옹호하는 유형에 자신을 맞추지 않나? 실제 당신보다 다른 사람들에 의해 더 잘 받아들여질 것 같은 유형에 맞추지 않나? 그런데 이런 대화나 사고 작용이 당신을 더 낫게 만드는 데 도움이 되나? 아니면 당신 자신과의 관계를 흐려놓는 것에 불과한가?

3

두 가지 중 하나를 결정할 때 망설이다가 더 유효하고 가치 있는 쪽을 살펴서 결정하나? 아니면 심사숙고하기 전에 이미 당신이 가지고 있는 어떤 최초의 본능에 따라 결정하나? 그것만이 유일한 길이라고 생각하나? 이런 충동에 따르겠다고 하는 사실 자체가 이성에 따라 결정한 것과는 달리 확신과 보장이 서지 않을 때가 있나?

4

다른 사람들이 그들 자신에 대해 하는 말과 행동이 가끔 완전히 모순되는 것을 보지 않는가? 다른 사람들이 자신에 대해 하는 말을 신뢰하는가? 아니면 행동을 보고 판단하는 편인가? 왜 사람은 자기가 한 말보다 행동에 더 일치하는가? 당신도 그런가?

5

과거의 어떤 일(학업 중단이나 사랑하는 사람이나 친구와의 결별, 잃어버린 시간과 잡지 못한 기회 등) 가운데 아주 후회를 한 일이 있는가? 구체적으로 무엇을 후회하는가? 그때 가졌던 의지가 오늘과 같지 않아서인가? 아니면 그 순간 당신의 의지를 충분히 따르지 않아서인가? 늦게라도 그 의지를 발휘했어야 하는데 끝까지 발휘하지 못해서인가? 만일 당신이 쇼펜하우어에 동의한다면(두 번째 제안) 미래에 후회할 만한 일을 하지 않는 유일한 방법은 가짜 관념으로 족쇄를 채우지 말고 결국 당신의 의지대로 하는 것이지 않을까?

6

시오랑은 『수첩들』에서 이렇게 말했다. “가장 진실한 고백은 다른 사람에 대해 말하면서 간접적으로 자신을 고백하는 것이다.” 다른 사람에 대해 비난한 점이 자기 고유의 결점에 해당하지 않나?

예속된 투쟁

앞에서 보았다시피 우리는 자연의 힘에 구속되어 있다. 그런데 이 힘은 영원한 투쟁 속에 있다. 화학적 극성, +와 -, 서로 끌어당기고 밀어내는 힘. 원자도 부정적 입자와 긍정적 입자 사이에 있다. 쇼펜하우어는 인도의 음양 사상의 기원이 거기 있다고 보았다. 건물이 서 있는 것은 건축 자재들끼리 서로 내리누르는 힘과 그에 맞서는 힘이 균형을 이루고 있기 때문이다. 만일 그 힘 하나가 변하면, 건물 전체 균형이 무너진다.

우리 피부만 해도 그렇다. 가로지르는 것과 갈라진 것이 반목하면서 균형을 이루고 있다.

자연은 여러 종끼리 대결하고 있지만, 또 같은 종에서도 개체들끼리 투쟁하고 있다. 이런 전투는 모든 차원에서 나타난다.

> "자연 도처에서 우리는 투쟁, 전투, 대안적 승리 같은 것을 본다. 이로써 바야흐로 의지 자체와의 본질적 결별을 훨씬 명확하게 이해하

기에 이른다."(『의지와 표상으로서의 세계』, 「의지의 객관화」)

광물 세계에서도 힘들은 서로 대립한다. 테이블 위에 물건이 하나 놓여 있다면 그 물건이 테이블을 누르는 힘은 테이블의 저항력과 대립한다. 이 저항력이 버티지 못하면 물건의 무게를 못 이기고 테이블은 주저앉을 것이다. 우리 주변에서 우리가 보는 부동성은 외양일 뿐이다. 서로 반목하는 힘들이 균형을 이룬 결과, 그렇게 부동성을 띠고 있을 뿐이다.

식물 세계에서도 마찬가지다. 식물은 생존하기 위해 끔찍한 경쟁을 한다. 가령 남아메리카 나무인 '마타팔로'는 단어 그대로 '나무 살해'라는 뜻이다. 처음에는 무화과나무보다 크지 않은데, 무화과나무를 타고 자라면서 마침내 무화과나무를 다 휘어 감싸게 된다. 그리고 마지막에는 목을 조르듯 나무 꼭대기까지 기어올라가 햇빛을 독차지하며 그 희생물이 부패된 것을 양분으로 삼아 살아남는 나무다.

이런 투쟁과 모순은 동물 세계에서 훨씬 두드러진다. 먹이와 영양분을 다른 동물에게 대주며, 어느 때든 다른 동물에게 자기 살을 내줄 수 있는 것이다. 이 동물은 그 덕분에 생존하고 살아간다. 모든 생물체는 다른 생물체를 소비함으로써 자기 생명을 유지한다. 마치 옷을 입고 있듯 자기를 덮고 있는 다양한 형태 아래 자기 고유의 물질을 끊임없이 만들어가면서 그렇게 자기 고유의 영양소를 만드는 것이다. 이 원리가 바로 생존 본능, 혹은 '살고자 하는 의지'다.

인간에게서도 그 유사한 광경을 보게 된다.

동물 세계에서 너무나 뚜렷하게 나타나는 생존 투쟁은 인간에게서도 나타난다. '호모 호미니 루푸(인간은 인간에게 늑대다).' 우리의 잠재적인 폭력성을 이성과 언어를 통해 잠재운다고? 그것은 아니다.

폭력성은 분명 은폐되어 있지만, 항상 언어 속에 나타난다. 현재 생물학에서도 이런 분석을 하고 있는데, 예를 들어 앙리 라보리[1]의 가설은 알랭 레네 감독의 〈내 미국 삼촌〉이라는 영화에서도 환기된다. 이 가설에 따르면 우리 뇌는 다른 사람보다 우세한 상황을 찾도록 고안되어 있으며, 다른 사람을 옆에 두는 것은 우리의 즐거움을 찾기 위한 것이고, 그들을 늘 우리에게 해를 미치지 않는 선에 둔다는 것이다. 이런 파충류 같은 뇌의 충동(지배하다, 생존하다, 복제하다)은 동물들에게서처럼 바로 나타나지 않으나

---

1 신경안정제를 발명한 프랑스의 행동과학자. 알랭 레네 감독의 1980년작 영화 〈내 미국 삼촌〉은 앙리 라보리의 인간행동학에서 상당 부분 영감 받은 것이다. 영화 초반에서는 세 주인공이 자라는 과정을 보여준다. 부유한 집안에서 인텔리로 자라 고위직 공무원이 된 자, 급진적 사회주의자인 아버지와 갈등하다가 연극배우가 된 자, 농부 아버지의 그늘에서 벗어나 자수성가한 자. 이들은 여러 관계로 얽히는데, 이들이 겪는 사건 사이에 알랭 레네 감독은 앙리 라보리가 쥐를 대상으로 한 실험을 삽입한다. 등장인물들의 싸움에 이어 쥐들의 싸움이 등장하고, 쥐의 탈을 쓴 인물들이 그 싸움을 반복하는 식이다. – 옮긴이

우리가 살고 있는 사회에서는 언어라는 문명적 요소 아래 감추어져 있다. 언어라는 문명적 요소는 서로를 기분 좋게 만들어줄 수 (아니면 약간 참아줄 수 있는 정도) 있지만 우리 뇌의 구성 성분 안에는 공격성을 함유한 부분이 반드시 존재한다. 가령 우리가 가깝고 친한 사람에게 바캉스 이야기를 한다고 하자. 만일 "너도 가보아야 해, 정말 놀라웠어!"라고 말한다면, 우리가 알고 있는 어떤 것을 자랑해 말하는 셈이 되고, 그 어떤 것을 상대는 체험해보지 않았다고 그 상대에게 상기시키려는 의도가 있다는 것이다. 따라서 잠재적인 경쟁심을 부추기는 말이 될 수 있다.

인간들이 나누는 대화와 인간관계의 양면성을 쇼펜하우어가 고슴도치 이미지를 가지고 설명하는 것도 그래서다. 고슴도치는 약간의 온기를 서로 나누기 위해 모여 산다. 하지만 서로 붙자마자 서로의 가시로 상처주어 결국 적당히 떨어져 있게 되는 것이다.

인간관계를 맺다 보면 어느 순간 우리는 어떤 균형에 이르렀다고 생각한다. 그리고 그것을 상호적 신뢰라 명명한다. 하지만 우리가 도달한 힘의 관계 속에서 생긴 균형일 뿐이다. 우리가 다른 사람에게 유용한 만큼 그 다른 사람도 우리에게 유용할 때 균형이 이루어지고, 그가 해를 주면 우리도 그만큼 해를 줄 수 있다. 관계의 안정성이나 평화란 동등한 두 힘 사이에서 발견되는 균형에 불과하다.

모든 것이 끝없는 갈등이라며 한탄해야 할까? 투쟁은 필요하다. 왜냐하면 그것을 겪고 또 그것을 극복해야 더 나은 개념이 생기기 때문이다. 개선이나 훨씬 고양된 개념은 바로 이런 갈등을 통해 도달된 것이다. 가령, 사회적 갈등으로 사회적 진보가 온다. 소수자를 위한 권리를 인정해주고, 보충할 만한 수단을 허락해주는 일. 마찬가지로 논쟁을 통해 어떤 결실이 생기는 것을 보았을 것이다. 논쟁을 하면 인식하게 되고, 이어 개선되기 때문이다. 조용한 대화에서는 간과될 수 있는 것들이 격렬한 토론을 통해 훨씬 깊고 미묘한 새로운 생각으로 도출된다. 스포츠의 경우 막강한 상대와 붙을수록 더 새로운 창의적 기술과 재능이 발휘된다. 아주 모질고 매서운 전투 없이는 그런 재능이 나타나지 않을 수 있다. 그 결과 투쟁은 진보와 개선과 성장에 도움이 된다.

그렇지만 진보를 이루어도 취약성은 늘 남아 있다. 왜냐하면 후퇴가 없다고 장담할 수 없기 때문이다. 최상의 현실화를 위해서는 그만 한 에너지가 소요되기 때문에 그 에너지가 사라지면 다시 열악한 상태로 떨어질 위험이 항상 있다. 관계란 반목을 초월해 어느 순간에는 최상의 정점을 찍지만, 우리가 초월했다고 믿는 순간, 다시 안 좋은 반사작용들이 일어나며 총체적 부진과 침체 속으로 빠져들 수 있다.

쇼펜하우어는 자연의 기능에서조차 이런 취약성을 본다. 우리의 몸 같은 생물 조직에서는 모든 기관이 서로 협력해야 좋은 기능을 한다. 각 기관은 각자의 일을 하고, 이것이 전체의 생존에 기여한다. 그런데 우리가 충분히 보지 못한 점이 있는데, 이 협력은 오래가지 못한다는 것이다. 왜냐하면 협력이란 균형을 잡아가는 반목의 결실에 불과한 것이기 때문이다. 내장 기관 안에서 미생물 박테리아는 그 역할(소화)을 한다. 면역 체계의 '경비 업무'를 위해 박테리아들이 거기 있는 것이다. 하지만 박테리아가 그 자리를 떠나면 조직은 무너지고, 면역 체계는 무너진다. 이렇게 되면 패혈증이 유발되고, 전에는 협력했지만 이제는 조직 전체를 죽인다. 이런 작은 요소(미생물 박테리아) 하나가 그 복잡 섬세함으로 위에 있는 몸 전체보나 너 우위를 점하고 있다는 것이고, 부분이 전체를 파괴할 수 있다는 것이다. 그렇게 되지 않게 하려면 그것을 하지 못하게 감시해야 한다. 한편, 이를 위해서는 어떤 힘이 소비되어야 한다. 조직의 균형은 각자 자기 자리를 유지하기 위해 에너지를 소비하는 데에 달려 있다. 쇼펜하우어에 따르면, 모든 것이 마찬가지다. 자연 도처에 열등한(왜냐하면 덜 복잡하기 때문에) 것들(박테리아, 바이러스, 버섯)이 자신을 한껏 펼쳐놓으며 모든 물질을 지배하고, 더 상위에 있는 것들(인간, 동물, 식물)을 용해하고 분쇄하고자 벼르고 있다.

"전투 없이는 승리도 없다. 상위적 개념 혹은 의지의 객관성은 열등한 것들을 이김으로써만 가능하다. 이 열등한 것들의 저항을 반드시 물리쳐야 한다. 이 열등한 것들은 종속 상태로 있는 것 같지만 독립적이고 완전한 방식으로 자신의 본질을 언젠가는 표현할 것을 열망하고 있다."(『의지와 표상으로서의 세계』, 「의 지의 객관화」)

10여 년이 걸려 조성된 숲이 아주 작은 불씨 하나로 다 탈 수 있다. 이 작은 불씨 하나를 막지 못하면 불은 더 번질 것이다. 이처럼 자연의 위력은 그 힘을 제한하는 저항력을 만나지 못하면 기고만장해진다. 게다가 정교한 것이 붙으면 불길은 삽시간에 번질 수 있다. 이렇듯 우세한 것이 열등한 것의 강력한 요구로 위험에 처하는 상황을 우리는 다른 맥락에서도 흔히 보고 있다.

여러분은 아마도 이미 어떤 기획을 실행해나가다 반목하는 힘들을 조화롭게 만드는 것이 얼마나 힘든지 보았을 것이다. 더 우선시되는 동기들이 있는데 사람들 사이의 사소한 갈등 때문에 지켜지지 않을 때가 있다. 모든 것을 초월해야 할 목표가 있는데 세부적이고 부차적인 저항들 때문에 그 목표에 도달하지 못하는 경우도 있다. 크나큰 기획이 이런 것들 때문에 다 망쳐지는 것을 보는 것이 얼마나 속상한가? 만들어나가고 찾아나가는 것이 어려운 것이었을수록 비이성적이고 통제할 수 없는 긴장들이 더욱 쌓여 있을 수 있다. 그리고 그 때문에 결정적으로 파괴될 수 있다. 기반이 아주 조금만 흔들려도 도시의 큰 건물이 하루아침에 무너지는 것처럼 말이다.

전투는 영원하고, 그에 따른 고통이 항상 수반되는 것은, 너무 많은 에너지를 소비해서다. 가장 단순한 활동인 소화만 보아도 그렇다. 체내로 흡수되는 영양물을 완전 소화해야 우리가 먹은 음식물이 자연 상태에서 갖고 있던 화학적 힘을 이길 수 있다. 이런 일을 하느라 다른 기관의 힘을 앗아가기도 한다(음식물이 갖고 있던 화학적 힘이란 그 음식물도 생존하고 성장하면서 저항하다 보니 생긴 것으로, 이제 이것이 우리 체내로 들어오니 위는 즙을 뿜어내 해로운 힘을 죽이는 것이다). 소화작용 때문에 다른 우리 기관도 피곤해지고, 바로 그래서 뇌가 느려지고 동작도 느려지는 것이다.

박테리아가 그랬듯 우리 기관의 승리도 싸움이 너무 과격하고 피로의 대가를 과하게 치르면 문제가 생기고 만다. 우리가 확보한 건강 상태는 결코 휴식의 상태가 아니다. 신체 조직에서는 지속되는 소강상태는 없다. 건강한 상태에서도 계속해서 노화와 병, 죽음의 힘 같은 것들을 물리쳐야 한다. 상대적으로 평화로운 상태에서도 몸의 모든 물질을 포섭해 장악하고 분해하려는 하위의 힘들과 싸워야 한다. 건강은 서로 대립하는 힘들이(가령 박테리아와 대항하는 면역 체계, 혹은 시의적절하지 않은 세포들의 복제) 균형을 이루고 있을 때지만, 어느 순간만 그러는 것이기에 늘 취약한 상태에 있다고 보아야 한다.

가벼운 불균형만 생겨도 조직은 고통을 느끼기에 충분하다. 왜인지는 알 수 없지만 피로가 오고 결정적인 어떤 병의 징후는 없는데 여기저기가 아픈 것도 그래서일 수 있다.

> "편안한 느낌은 건강이 마련해주는 것으로, 이것이 너무 자주 중단되기는 한다. 그런데 이것은 무언가를 의식하고 있는 우리 기관의 개념적 승리, 즉 객관화된 승리라고 보아야 한다. 몸의 즙들을 동원해 물리적이고 화학적인 원리를 발휘하고 있는 것이다. 이런 중단으로 다소 편하지 못한 상태가 수반되기는 하나, 이것은 이런 힘들이 잘 저항해 생긴 결과다. 우리 생명의 식물적 부분은, 즉 무위적 부분은 항상 약간의 고통에 영향 받는다."(『의지와 표상으로서의 세계』, 「의지의 객관화」)

신체 내에서까지 일어나는 이런 끝없는 투쟁은 우리의 존재나 기질, 또 우리의 에너지가 생명적 차원에서 항상 불안정할 수밖에 없음을 설명해준다. 모든 활동은, 더욱이 기분 좋은 활동까지 나름 고통스러운 에너지 소비가 전제되어 있는 것이다.

그룹을 만들어 활동을 해나가는 데 있어서도 해야 할 일투성이다. 서로 대립하는 욕구들을 조정해 질서를 잡아야 한다. 그룹이 함께하는 일인데도 혼자 하려고 하고, 다른 사람보다 상석에 있고자 욕심을 부리는 사람이 있다. 이런 사람들의 욕구를 조정하면서 그룹 내의 무기력과도 싸워야 한다. 프로젝트를 중심으로 모든 사람이 역동적이 되도록 하려면 말이다. 일시적 소강이나 조화로운 상태는 노력 없이 얻어지는 것이 아니다.

이렇게 매번 투쟁해야 한다면 항상 지칠 텐데 그 힘을 완전히 복구할 수 있을까?

승리는 분명 자기 신뢰감을 되찾게 해 개인을 재생시키는 기분 좋은 순간이다. 하지만 승리의 감정은 전투로 인한 피로를 잠시 잊게 해줄 뿐이다. 피로는 항상 행복감 아래 감추어져 있다. 피로는 아드레날린의 감소에 기인하는 동시에 다시 힘을 고취시킬 필요를 갖게 한다. 이렇게 승리가 결코 확정적인 것이 아니라면 우리가 그 승리를 얻기 위해 또 에너지를 내어야 하고, 그러다 보면 결국 탈진하지 않을까. 새로운 도전에도 지치고, 늘 경쟁에서 뒤떨어지는 것 같은 느낌을 주기에 이르는 것이다. 투쟁하지 않고, 이완된 상태에서 얻은 것은, 쓴맛이거나 무력한 맛일 수 있다.

쇼펜하우어적 통찰

1

당신의 인생에서 성취한 크나큰 것들이 투쟁을 통해 이루어진 것이었나? 무엇과 대항한 것인가? 투쟁을 통해 당신을 초월했다고, 당신의 최고의 모습을 보여주었다고 생각하는가? 개인들 간의 경쟁이나 다른 사람에게 자신의 가치를 증명하는 것이 항상 이롭다고 할 수 있을까? 다음 투쟁을 하기 전에 다시 힘을 모으기 위해 잠시 휴식을 가질 뿐 인생은 계속해서 도전을 해야 한다고 생각하는가?

2

최근 많은 에너지를 쏟아부었던 일이 있는가? 그다음에 그 힘을 다시 완전히 복구했는가? 피로의 '찌꺼기'가 남아 있지는 않은가? 이 투쟁이 잠재적이나 뿌리 깊은 피로를 양산하지는 않았나? 쇼펜하우어는 "인생은 비용이 더 나가는 사업"이라고 했는데, 이 말의 의미를 알겠는가?

3

승리는 항상 영원하고 결정적인가? 하등한 힘은 더 복잡하고 진화된 우등한 힘을 항상 이길 수 있다는 개념을 통해 쇼펜하우어는 무엇을 말하고자 한다고 생각하는가? 당신은 기분이 좋지 않아 즐거운 시간(애인과 단둘이 만나거나, 친구들과의 모임이 있거나, 따로 취미 활동을 하거나)을 망친 적은 없는가? 당신의 상위 감정(가령, 우정이나 사랑, 참여와 연대)을 짜증이나 신경질, 피로 등으로 망친 적은 없는가? 왜냐하면 이런 것들 때문에 당신은 덜 여유롭고, 덜 사교적이고, 덜 친절하며, 덜 열정적으로 보였을 수 있다.

4

인간관계에서 끊임없이 상처를 받지 않나? 인간관계는 쇼펜하우어가 말한 대로 고슴도치의 삶 같지 않나? 타자를 향해 다가가면 다가갈수록 타자는 거꾸로 자기 가시를 돋우어 스스로를 보호한다. 누군가가 당신을 알고 싶어서 당신에게 다가올 때 당신은 즉각 보호막을 치지 않나? 지속적이고 실현 가능한 인간관계란 적당하고 올바른 거리(너무 무심해도 안 되고, 너무 관심을 가져서도 안 되는)가 전제되어야 하지 않나? 하지만 확실한 것을 쟁취해 상처받지 않을 것 같을 때에는 인간적인 온기를 잃지 않았나? 우리는 항상 타자에 대항해 자기 삶의 영역을 확보하려고 싸우고 있지는 않은가?

Ⅲ 적용하기

환상 너머를 보라

고통의 원인에서 벗어나기

어떻게 해야 고통 받는 것을 멈출 수 있을까? 이 모든 고통의 책임인 부조리하고 맹목적인 의지로부터 해방되어야 하지 않을까? 이 답은 하나의 역설을 제기한다. 만일 모든 것이 의지의 표명이라면 우리가 이미 살펴본 것처럼 어떻게 해야 그것으로부터 해방될 수 있을까?

이번 장의 목표는 우리가 세계에 대해 갖고 있는 시선을 바꾸는 것이다. 우선 우리가 실제라고 인지하는 외양 한가운데 우리는 살고 있다. 모든 것들의 정수이자 유일한 현실일 그 무엇을 이해하기 위해서는 '마야의 베일'[1]이라는 이 환각적 베일을 건너갈 필요가 있다.

첫 번째 환상은 이성의 원칙에 입각해 만들어지는데, 이는 쇼펜하우어가 우리에게 해방될 것을 권고하는 원칙이다. 이것은 무

---

1 마야는 환상과 마법을 창조하고 영원하게 하며 지배하는 힌두교의 신이다.

슨 의미일까? 이성의 원칙은 인식의 세 범주에 따라 모든 사건을 설명한다. 우리는 어떤 것을 인식할 때 '공간'과 '시간' 속에 그것을 설정하며 직접적 '원인'과 연계하고 거기에 따라 결과를 도출한다. 이것은 어떤 현상을 지각하고 의미를 부여하기 위해 필요한 세 가지 조건에 불과하다. 우리가 목도하는 한 사건을 예로 들어보자. 고양이 한 마리가 자동차에 치여 죽었다. 이 경험은 요소들(고양이와 자동차)을 공간적 조직(서로의 관계에 비추어 우리는 고양이가 자동차 '앞'에 있다고 생각한다)에 배치하고, 이어 시간적 조직(고양이는 자동차가 오기 전 길을 건너고 있었는데, 자동차가 와서 고양이를 치었다)에 배치한다. 결국, 원인과 결과가 있고 자동차가 고양이 죽음의 원인인 것이다. 아마 우리는 고양이 때문에 슬퍼하고 차를 범인으로 취급하는 것 외에 달리 할 일이 없을 것이다. 하지만 우리가 그렇게 하는 동안 고양이 죽음의 실제 책임자인 중력(고양이는 자기 위로 덮친 자동차의 무게를 견딜 수 없었다)은 다른 수천 명의 생명을 죽이고 있고, 무한한 다른 힘들의 저항에 맞서고 있으니 이 중력이 파괴하느냐 안 하느냐의 문제로 귀결되는 것이다. 힘들은 도처에서, 항상 이런 다른 힘들과 맞서 싸우고 있다.

따라서 우리는 명철함을 얻기 위해 눈앞에 보이는 현상 너머로까지 시선을 확대해야 한다. 그래야 읽기의 격자망(공간, 시간, 원인) 안에 갇히지 않고 맹위를 떨치는 힘들을 살필 수 있다.

"현상을 초월해 사물들이 지닌 내밀함을 인식하기 위해서는 단 하나의 방법밖에 없다. 바로 우주에 대해 철학하는 것이다. 그것은 유일하게 건강하고 온전한 방법이다. 근원, 목표, 이유 등은 이제 포기하고, 도처에서 우주란 무엇인가를 탐색하는 것이다. (……) 이런 인식의 형태는 예술과 함께, 또 철학과 함께 탄생한다. (……) 이런 것만이 우리를 진정 신성하게 해주고, 세계로부터 해방시켜준다."(『의지와 표상으로서의 세계』, 「의지는 긍정되고 이어 부정된다」)

우리는 앞에서 인식이 의지에 늘 이용되는 것을 보았다. 그도 그럴 것이 이 의지가 정해진 목표에 도달하기 위해 필요한 수단을 만들어내기 때문이다. 하지만 쇼펜하우어에 따르면 외양에 대한 인식 너머 그보다 상위에 있는 것을 얻어야 한다. 살고자 하는 의지의 본성을 진정 인식하면 우리는 마침내 그 본성으로부터 벗어날 수 있다.

우리는 사라지고, 변하고, 항상적이지 않은 외양들에 집착한다. 제1부에서 우리는 실재의 비항상성이 우리 고통의 원인 가운데 하나라는 것을 말했다. 우리는 지속될 수 없는 것에 집착하고, 그 상실에 영원히 고통스러워한다. 그토록 애착을 가진 고양이도 죽어 이제 없다.

우리와 관계되어 있는 모든 것이 모두 변하거나 사라질 운명의 그림자에 불과하다는 것을 이해할 필요가 있다.

이 개별화의 원칙은 실재를 지각하는 주관적인 방식이다. 실재를 시간과 공간 안에 넣어 여러 개로 다르게 분리하고 잘라 개체를 만든다. 그런데 쇼펜하우어에 따르면 이런 실재는 유일무이한 것이다. 지상 위에 존재하는 모든 사람들이 한 사람이며 더욱이 단 한 사람일 수도 있다. 다수라고 믿지만 (공간 안에서) 동시에 다수로 지각하고 (시간 안에서) 연속적으로 다수로 지각하기 때문이다. 따라서 당신은 공간과 시간 안에서 '유일한 인간'이라는 같은 실재를 다양화하는 것이다. 쇼펜하우어는 이것을 "인간이라는 이데아"[2]라고 명명한다. 수천 개의 단면을 가진 유리를 프리즘을 통해 단 하나의 사물로 보는 것처럼 말이다. 만일 이 고양이 뒤에 '고양이라는 이데아'(유일한 고양이)가 있다면, 모든 고양이들은 변화된 표현물들이다. 모든 고양이들은 하나의 영원하고 같은 모델의 성질을 띤다. 고양이들은 유일하고 영원한 개별적 변이체에 불과하다. 이데아. 이 개체들 사이에 큰 차이가 있는가? 아니다. 쇼펜하우어가 보기에, 이 고양이는 이 뜰에서 똑같이 뛰고 놀던 3백 년 전 고양이와 동일하다. 고양이들이 다르다고 생각되는 것은, 이들 사이에 떨어진 3백 년이라는 시간 때문이며, 이 시간 간

2 알다시피 쇼펜하우어의 근본 사상은 칸트의 인식론과 플라톤의 이데아론, 베다의 범심론 및 염세관 등의 결합이다. 여기서 철학적 개념의 혼동을 피해 일부러 Idea(프랑스어로는 idée)는 다른 우리말로 번역하지 않았다. 그것은 표상Vorstellung도 아니고 의지Wille도 아닌 또 다른 무엇이다. — 옮긴이

격은 우리가 실재를 지각하는 주관적 방식에 다름 아닌 것이다. 쇼펜하우어에 따르면, 시간은 사실 존재하지 않는다.

고양이를 사랑하는 사람들은 이 고양이냐, 저 고양이냐의 차원을 넘어 고양이의 본질 자체를 사랑하는 것이다. 이 본질은 모든 고양이(고양이라는 종을 구성하는)들의 일반적이고 종합적인 성격 그 자체다. 고양이 한 마리를 잃었다고 해서 다른 고양이를 키우지 말라는 법은 없다. 이 모든 고양이들의 차원을 넘어 쇼펜하우어가 '이데아'라 명명한 것, 즉 고양이라는 본성 자체를 열망하는 것이다.

사랑하는 사람이 죽으면, 우리는 영영 그를 잃었다고 생각하고, 다시는 이전처럼 될 수 없기 때문에 이성을 잃는다. 하지만 사물을 다르게 보는 지혜를 갖는다면 침착함을 얼른 되찾을 수 있다. 우리가 한 사람을 통해 체험했던 사랑은 사랑의 얼굴에 불과하다. 우리는 이 한 사람과의 특별한 이야기를 통해 사랑의 모든 것을 소유한 것이 아니라 그 일부분, 독특하고 제한적인 어떤 한 부분만을 소유했을 뿐이다. 사랑의 다른 표현들과 다른 '얼굴'들을 찾아나서는 일이 우리에게는 아직 남아 있다. 쇼펜하우어에 따르면, 사랑의 개별적이고 특이한 표현들(사랑의 경험) 뒤에 있는 영원하고, 늘 현존하며, 무한한 사랑이라는 개념에 집중해야 한다. 따라서 우리는 사랑의 표현에 불과한 것 때문에 울어서는 안 된다. 속담에 이런 말도 있지 않은가. "한 사람을 잃고, 열 사람을 다시 찾는다."

상실과 소멸의 슬픔을 멈추기 위해 개체의 외양 너머에 있는 것을 보아야 하는데, 이런 모든 외양의 근간이 바로 '이데아'다.

> "하늘에 떠다니는 구름을 가정해보자. 구름이 흔적처럼 남긴 형상들은 구름에게는 결코 본질적인 것이 아니다. 구름과는 아무런 상관도 없다. 구름이란 유동적인 수증기로, 바람의 영향에 따라 모여들었다가 흩어졌다가 부풀었다가 끊어지기도 한다. 이것이 구름의 본성이며, 서로를 객체화하는 힘의 본질로, 이것이 바로 구름의 이데아다. 그 특별한 형상은 그것을 바라보는 개별자들에게만 존재하는 것이다."(『의지와 표상으로서의 세계』, 「표상과 이성이라는 원칙」)

자연 도처에서 우리는 명백한 다양성 뒤에 있는 유일한 힘을 발견한다. 강물은 바위를 치고 쏟아지며 흐르는데, 여기에는 단 하나의 중력이 있다. 물 표면은 피상적인 외양에 불과하고, 그 이데아나 본질은 압축되지 않고 유동적이며 무형적이고 투명한 액체성, 바로 그것이다. 마찬가지로 추운 겨울 창문에 성에가 끼지만 이것은 결정 작용에 따라 그렇게 얼어붙은 것이다. 형태를 남기는 복수성의 흔적은 우연성일 뿐 결정 작용만이 자연의 힘으로 본질적이다.

현대 물리학, 특히 양자역학에서 이런 자연관은 다시 한번 확인된다. 하나의 물체는 여러 작은 에너지들이 모인 양적 집합체다. 그러니까 움직이는 에너지인 것이다. 테이블을 예로 들어 보자. 우리는 테이블을 사용한다는 사실에서 하나의 물건으로 지각한다. 하지만 사용한다는 생각을 멈추고 무한히 작은 조직들로서 바라보자. 그것은 여러 원자로 구성되어 있다. 그런데 원자는 선회하는 핵자와 양자로 된 핵 주변을 선회하는 전자로 구성되어 있다. 그것은 우리가 표상하듯 그렇게 뚜렷하게 포착되는 부동의 물질 알맹이가 아니라 자꾸 움직이는 작은 양들의 모음이다(특히 빛의 효과 아래). 따라서 원자들로 구성된 이 테이블을 이성적으로는 움직이는 에너지라고 볼 수 있는 것이다. 그런데 테이블을 기대놓는 벽도 에너지로 되어 있고, 바닥과 천장도 마찬가지다. 물리학자의 눈에는, 뚜렷이 보이지는 않지만 우리를 둘러싼 모든 것이 하나의 에너지 덩어리다. 따라서 우리는 이제 시선을 돌려 개별적 외양 너머 유일한 본질을 보아야 할 것이다.

우리는 세계에 대한 인식을 본질적으로 바꾸어야 한다. 우리가 이를 의식하지 않으면 '살고자 하는 의지'라는 폭군에 우리를 내주게 된다. 사실상 어떤 것을 포착하고 이해하려고 들 때 그것은 본질적으로 우리에게 미치는 효과나 결과에 기초한다. 우리는 그것이 유쾌할 때(욕구나 흥미를 주는 차원에서) 찾아 나선다. 반대의 경우라면? 그것으로부터 도망친다. 의식을 하거나 하지 않거나 우리 욕구에서 출발해 판단하게 되어 있다. 이것이 바로 우리를 의지로 이끄는 것이다.

사물로부터 해방되기 위해서는 상호작용(갖거나 도망치거나)과는 다르게 이것들을 포착하고 이해해야 하며 하나의 '이데아'로 고찰해야 한다. 우리는 인식 대상인 오브제를 앞에 두고 그것을 알아가는 주체가 되어야 한다. 이때 주체의 시선은 이 오브제에 대한 실질적 이해관계 없이 무심하고도 관조적이어야 한다.

이 정도의 인식이 있어야 우리는 의지로부터 해방된다. 이제 우리는 이런저런 현상을 보지 않고 전체적인 현상의 본질을 보아야 한다. 우리는 행동 속에 있는 것이 아니라 관조 속에 있다. 하여, 관조된 것에 우리는 흔들리지 않고 영향 받지도 않는다. 이제 우리는 세계를 이런 실질적인 무심함으로 보게 될 것이다.

이와 같은 새로운 명철함이 생기면 우리는 이제 환상의 노리개가 되지 않을 수 있다. 자연의 진짜 놀이를 구경하는 관객이 될 수 있다. 우리는 여전히 인간 희극을 펼쳐야 한다. 인간만이 가지는 특성이란 상호 충돌하고 영향 받는 기질을 갖고 있다는 것이다.

모임에서 벌어지는 일을 보자. 우리는 똑같은 유형의 성격들을 역시나 불변적으로 보게 된다. 권위에 반항하는 자는 어떤 경우든 반대를 표현할 것이고, 반대를 위한 반대를 할 것이다. 빈정거리기 좋아하는 자는 어떤 경우든 가벼운 눈짓을 하거나 야릇

한 미소를 지으며 다른 사람이 하는 말을 조소할 것이다. 충성스러운 협력자는 늘 좋은 말만 하고 찬사를 쏟아 낼 것이다. 캐묻기 좋아하는 자는 생각을 하려면 많은 질문을 해야 한다며 질문을 하지만 진짜 생각은 하지 않을 것이다. 회의의 주제가 무엇이든, 논점이 무엇이든, 또 장소가 어디든 이런 유형의 성격들은 항상 있다. 어떤 동기가 있어 회의석상에서 발언하는 것 같지만 사실 자신을 표현하고 드러내려는 단순한 심리가 있는 것이다. (분노, 반항, 충성, 관대함 기타 등등) 이러한 에너지로 움직이는 사람들은 각자 어떤 상황을 활용할 뿐, 원래 자신이 가지고 있던 기질의 에너지와 동일하게 행동하는 것이다. 어찌 보면 늘 자기 역할에 갇혀 있는 셈이다.

순전히 논의를 위해 개념들만 가지고 토론하는 것은 절대적인 에너지 손실이다. 왜냐하면 개성들이 충돌할 때 관건은 논의나 반론 너머에 있기 때문이다. 이 '에고'의 투쟁 속에서 너무나 아름다운 기획도 실패할 수 있고, 너무나 아름다운 생각도 무시될 수 있다. 우리는 얼마나 많은 실패를 목도하는가!

하지만 이것을 객관적으로 관찰하면 상처받지 않을 수 있다. 사람들은 알고 일부러 그러는 것이 아니다. 아니, 그렇게 생각하면 그 사람이 덜 싫어질 수 있다(자신들이 선택한 것이라고는 말할 수 없는 자기 성격과 기질 속에 다들 갇혀 있다). 고의로 아프게 하는 것이 아니라, 기질들이 서로 충돌하면서 튀어나오는 것이다. 인간관계에서는 모든 것이 불발되고, 유산되고, 미완성된다.

우리는 좋았던 의도인데 실패하고, 일이 잘 안 풀리면 상심한 마음을 그대로 갖는다.

"원인과 결과라는 사슬 너머의 영역으로 시선을 던져보자. 지상의 천재가 갑자기 나타나 그림 속에 인류를 이끄는 가장 완벽한 인간들과 영웅들을 보여줄 것이다. 그런데 무훈의 개시를 알리는 종이 울리기도 전에 운명이 그들을 앗아간다. 이어 세계의 역사를 변경한 커다란 사건을 보여주는데, 이 빛과 최고의 문명 세기에 너무나 말도 안 되는 우연성으로, 태어나자마자 숨을 끊어놓는 터무니없는 사고를 당한다. 마지막으로 수세기를 풍요롭게 했을 수도 있을 위대한 인간들의 위력을 보여주는데, 어떤 실수로 혹은 어떤 정념이나 압박으로 갑자기 길을 잃고 조악하고도 비생산적인 물건처럼 쓸모없이 사용되거나 단순한 흥밋거리로 치부되어 사라진다. 우리는 이런 것들을 보면서 깊은 비탄에 빠진다. 우리는 수세기에 걸쳐 상실된 많은 보물들을 슬퍼한다.

하지만 지상의 정신은 우리에게 미소로 대답할 것이다. '이런 개개인들을 발산해낸 근원은 어디에 있는가? 시간만큼이나 공간만큼이나 고갈되지 않고, 무한한 그들의 힘은 어디서 나오는가? 왜냐하면 시간과 공간처럼 그들도 의지의 현상과 표상에 불과하기 때문이다. 이 무한한 근원은 그 어떤 측정기로도 계측할 수 없다. 마찬가지로 어떤 사건이나 작품은 씨앗을 겨우 품을 때부터 다시 재생되기 위한 영원성을 갖고 있다. 이 세계에서 현상들은 모두 그 절대적 상실은 불가능하며, 전적인 이득도 불가능하다. 의지만이 존재한다. 그것은 그 자체 내에 있다. 이 모든 현상들의 근원이다. 의지 자체가 취하는 의식 혹은 거기서 끌어내기로 스스로 결정한 부정, 이런 것들도 그 자체로 만들어진 것이다.'"(『의지와 표상으로서의 세계』, 「표상과 이성이라는 원칙」)

발현되거나 피어나는 데 성공하지 못한(재능, 천재성, 아름다운 기획 등) 것은 다른 경우나 상황이 오면 다시 생긴다. 시간은 인간이 단계를 만들어 계측한 것이지 세계에 단계가 있어 계측된 것은 아니다. 다른 경우들은 다른 생애에서 반복될 것이다. 따라서 절대 세계에서는 어떤 것도 상실될 수 없다. 모든 현상들의 근원은 영원이기 때문이다.

우리는 시간과 공간이라는 세계에서 해방될 필요가 있다. 시간과 공간은 그저 인간이 착시와 환상으로 만든 것이며, 실재를 표상하는 것에 불과하다. 외양은 고정된 시간적 공간적 범주에 틀어박혀 있다. 실재 세계에서 모든 것은 가능성 아래 영원한 상태에 있다. 바로 그런 우화를 통해, 쇼펜하우어도 한 말이지만, 불가역성은 없다는 의미에서 시간은 선적이지 않다. 소홀해서 구현하지 못한 이 가능성들은 내일이면 구현될 수 있다. 따라서 이것은 영원한 가능성으로 남는다. 사물에 대한 이런 견해는 이미 환기한 많은 고통들을 사라지게 하는 데 도움이 된다. 우리가 할 수도 있었을 것을 하지 못했다는 후회 같은 것은 하지 않아도 된다.

결국 쇼펜하우어는 우리가 생에 고통스럽게 집착하는 이유 중 하나를 심리학자처럼 말하고 있기도 하다. 무의미한 활동 속에서 우리를 잃어가며 우리에게 부여된 시간을 충분히 활용하지 않아 망쳤다는 느낌은 우리에게 더 많은 시간을 원하게 만들고, 성공할 기회를 더 갖고 싶게 만든다. 그런데 어느 날 이 모든 것은 이미 늦었고 영영 다 잃게 되리라는 생각도 든다. 도래할 수 없는 것에 대해 일말의 책임감이 든다. 하지만 이런 중압감에서 벗어나 가벼워지기 위해서라도 나중에 다른 경우가 올 것이라고 생각하는 편이 낫다. 오로지 영원만이 실재이고, 유한한 시간은 외양에 불과하다.

선적인 시간으로부터 구원된 세계를 보는 것, 그 세계에 모든 것이 여러 가능성 형태로 현존하는 것, 이것이 우리를 시간의 압력으로부터 해방시킨다. 우리는 이제 '고통의 대가를 치를 만한 어떤 것'을 반드시 해야 한다는 의무로부터 벗어난다. 행해지지 않은 것, 빛을 보지 못한 보물들, 창조되지 못한 아름다움은 나중에 다른 사람들에 의해 발현될 것이다. 이 다른 사람들이란 다름 아닌 우리 자신의 변형일지 모른다.

쇼펜하우어적 수행

1

개별성을 넘어서서 사물들을 관조할 수 있을까? (구름 하나하나에서 구름 전체, 이어 '구름의 정수'. 구름이 지닌 특별한 형태의 뚜렷한 다중성에도 불구하고 하나이며 유일무이한 '구름의 핵심') 다른 것들과 다른 존재들, 이어 당신 자신도 그렇게 관조해보라. 스치는 방식으로라도 그런 지각 작용을 오래 유지하는 것은 힘들지만 세계에 대한 다른 의식을 발전시킬 수 있게 된다. 초연해지는 첫 번째 길이다.

2

사물에 대해 더 이상 활용적인 면을 보지 말고 관조적인 시선을 던져보라. 어떤 외계 대상에 집중해보자. 나무, 창문의 틀 등. 그 구조와 형태, 빛이 그것들과 어떻게 노는지. 다른 모든 기생하는 생각들을 없애고, 이 오브제에만 집중해보라. 오브제 속에서 천천히 당신을 잊어보라. 이 오브제만이 유일한 현실이 될 것이다. 당신 자신을 잊을 만큼 당신의 의식이 오브제를 의식하게 되도록 내버려두라. 당신의 개별성에 대한 의식을 초월하고 또 다른 의식을 갖기 위해 '나'와 '오브제'의 관계를 초월해보라.

3

어떤 상실 혹은 어떤 죽음에 당신은 비통할 수 있다. 바로 그 순간 세계에서 동시에 수천 개의 유사한 죽음이 어떻게 있을 수 있는지 생각해보라. 무자비하게 삶을, 아름다움을, 선을 짓밟고, 부수고, 파괴하는 힘들을 생각해보라. 이런 힘들은 자연의 힘이라 할 수 있는데, 그래서 필요한 힘일 수 있다. 세계에 대해 그렇게 관조하다 보면 나만의 고통이라 여겼던 것들이 조금 덜 고통스럽게 느껴질 수 있다.

4

인간 희극을 관찰해보자. 사람들이 모이면 얼마나 다양한 성격들이 표현되는지 공부하는 계기로 삼아보자. 이런저런 경우가 생기면 성격대로 나타나지 않나? 화를 잘 내는 사람은 화를 풀기 위해 이런저런 것을 빌미 삼고, 이기주의자는 이기심을 정당화하기 위해 이런저런 이유를 찾는다. 이어 이런 성격들이 서로 간에 어떤 방식으로 기능하는지 관찰해보자. 서로를 불편하게 하고 속박하지 않나? 그럼에도 불구하고 가끔은 호의적으로 함께 행동하지 않나? 흔들리는 바다의 표면에서 일렁이는 수천 개의 움직임을 떠올려보자. 서로 하나로 결합되었다가 서로 부딪히고 또 서로 흡수하고.

5

흘러가는 시간을 잘 생각해보자. 만일 시간은 비가역성이라는 견해를 바꿀 수 있다면("나는 이것을 반드시 성공해야 해. 이미 한 번 과거에 놓

쳤어. 잘되게 해야 하는데, 이제 내게는 그렇게 많은 시간이 없어.") 같은 압박을 갖는 대신 시간은 무한하다는 생각을 하면서 언젠가는 되겠지, 다른 사람들이 나 대신 하겠지 하는 생각을 하면 마음이 평온해지지 않나? 시간은 유한하고, 선적이며, 비가역적이라는 생각 자체가 바로 스트레스의 원인이다. 쇼펜하우어에 따르면, 평화를 찾기 위해선 시간에 대한 이런 주관적인 개념화로부터 벗어날 필요가 있다.

6

의지는 부족하지 않았는데 해내지 못한 일에 대해 후회한 적 있다면, 그것을 잘 생각해보자. 그 의지가 효과적으로 표현되기 위한 적절한 상황을 만나지 못한 것은 아닌가? 우리들의 행동은 사실상 우리와는 별개의 셀 수도 없이 많은 요인에 의해 막혀 있다. 이런 생각을 하면 당신의 과거에 비해 약간의 평화가 찾아오지 않나?

아름다움으로 찾는 평화

해방의 길에서 보충적인 걸음을 한번 더 걷자. 아름다운 풍경이나 예술 작품을 보면 욕망과는 상관없는 내적인 만족감이 온다. 욕망은 소유를 요구한다. 욕망은 결핍을 의식해서 나오기 때문이다(욕망의 대상은 이 결핍을 보충하려는 데서 온다). 우리는 어떤 것을 소유하면 만족하지만 그리 오래는 못 간다는 것을 이미 보았다. 바로 새로운 욕망이 솟아나면서 또 새로운 만족을 필요로 한다. 계속 이런 식이다. 따라서 휴식은 불가능해 보인다. 하지만 욕망과 관련 없는 미적 만족은 그토록 찾던 고요와 평화를 가져다준다.

우리는 풍경을 보면서 보통 많은 평화를 느낀다. 미적 관조는 평안함을 주는데, 왜냐하면 그것을 통해 행동으로부터, 즉 살고자 하는 의지의 요구로부터 빠져나올 수 있기 때문이다. 원하는 것을, 즉 의지에 무릎 꿇는 것을 그만둘 수 있는 방법이기도 하다. 우리는 더 이상 우리에게 상대적이지 않고 그 자체로 하나의 전체인 세계를 보기 위해 자신에게 너무 쏠려 있는 눈을 딴 데로 돌려야 한다.

> “자연에 한번 자유로운 시선을 던져보면, 열정과 필요와 근심에 사로잡혀 고통스러운 사람 역시나 기분이 신선해지고, 유쾌해지며, 힘이 솟는다. 번개 같은 사랑, 폭군 같은 욕망, 공포, 한마디로 ‘원하기’라는 그 모든 비참함에 즉각적이고 경이로운 휴식을 선사하는 것이다.”(『의지와 표상으로서의 세계』, 「표상과 이성이라는 원칙」)

쇼펜하우어가 말했듯이, 모든 감각 중에서 시각은 의지와 가장 덜 결착되어 있다. 시각은 고통이나 기쁨으로부터 독립되어 있기 때문이다. 청각과 후각은 이분법 안에 완전히 갇혀 있다. 고통스러운 소리를 듣거나 즐거운 소리를 들어야 하며, 좋은 냄새를 맡거나 불쾌한 냄새를 맡아야 한다. 촉각은 훨씬 더 자유롭다. 부드러운 천에 민감하거나 오히려 피부에 까끌까끌한 천에 민감할 수 있다. 판단을 하지 않아도 지각 작용만으로도 보이는 눈은 조심하기만 하면 과민하지 않을 수 있다. 물론 강렬한 빛에 순간 눈을 감을 수는 있지만, 고통스러운 시각 작용이라는 것은 그다지 없고 대부분 빛은 눈에 부드럽다. 빛의 놀이는 우리의 관조를 황홀하게 한다. 오후가 끝나갈 무렵 이 빛은 너무나 그윽한 색으로 주변을 온통 물들여 고요하고 평화로운 느낌을 가득 선사한다.

자연이 표상될 때, 우리는 그 아름다움에 황홀해질 수밖에 없다.

"미적인 포착이 있을 경우 의지는 전적으로 의식으로부터 사라진다. 의식만이 우리의 슬픔과 고통의 근원이다. 아름다움이 포착되면서 이어 무언가가 뒤따라오는데 거기서 만족과 기쁨이 온다. (……) 우리는 그것을 알고 있다. 의지로서 세계를 알고 있고, 그것이 첫째이고, 표상으로서의 세계가 둘째다. 첫째는 열망의 양식을 갖고 있어 그 결과 고통과 수천 개의 다른 악이 온다. 두 번째는 반대로 고통이 없는 것으로, 본질적으로 그 자체다. 더욱이 그것은 하나의 광경을 선사하는데, 항상, 어디서나 보이면서도, 의미가 있는 것으로, 훨씬 덜 오락적인 것이다. 미적 즐거움은 그것을 기쁘게 느끼는 데 있다."(『소품과 부록』, 「아름다움과 미학의 형이상학에 대하여」)

예술 작품은 이토록 우리를 관조하게 만든다. 예술가 덕분에 세계의 광경을 즐기는 것이 가능하다. 그것은 놀라운 일이 아닌데, 예술가는 자연을 관조할 줄 알기 때문이다. 예술가는 사물을 활용하는 차원에서 사물을 보지 않고, 그 사물이 놓인 관계망으로부터 벗어나 바라본다. 가령 같은 공간 안에 연속적인 장면들로 이루어진 것을 이야기함으로써 사물을 시간의 차원에서 해방한다. 같은 방식으로 공간도 없앨 수 있다(추상화가들이 하는 것이 바로 이것이다). 오브제는 평상의 습관적 의미를 띤 장소 바깥에 그 자체로 존재한다. 예술가는 오브제에 상징적 영역을 부여한다. 미로의 그림에서 보이는 사다리의 경우나 달리의 녹는 시계, 또 칸딘스키의 붉은 원 등.

예술가는 세계를 통해 숨겨진 정수를 만들기 위해 세계를 본다. 공간 혹은 개개인 뒤에 숨어 있는 성격과 기질(바로 이런 이유로 우리가 알지 못하는 사람의 초상화가 우리에게 무언가를 말해주는 것이다) 혹은 그것을 살아 있게 만드는 기운(정물화의 사물처럼 무력한 오브제에 가해지는 중력). 예술은 이렇게 사전에 환기한 이데아에 접근한다. 예를 들어 화가 세잔은 생빅투아르 산의 정수를 탐색한다. 붓 터치와 색채의 대조, 미완의 외양(왜냐하면 전체가 그려진 것이 아니니까) 뒤에는 세잔이 그림에서 보여주려고 했던 내재된 자연의 힘이 있다. 부동인 듯, 하지만 여리고 희미하게 어떤 카오스의 가장자리에서 항상 다시 시작되는, 내부 작용의 동성과 그 맹목적 힘. 붓 터치와 색채들의 대조는 그다지 평화롭지만은 않은 자연의 이미지를 재생한다. 그것은 우리를 평화롭게 하는 고요한 풍경의 관조가 아니라, 이데아 자체의 관조다. 다시 말해, 관측 가능한 현상들에서 드러나는 자연의 정수 그 자체다.

쇼펜하우어에 따르면, 예술은 외양의 파도 속에 흔들리는 것을 영원한 형태로 고정하는 능력이 있다. 예술가는 영원의 이런 부분을 어떻게 볼까? 예민하게 확대 팽창된 예술가의 인식 덕분일까? 다른 사람들보다 훨씬 격렬한 이 의지는 일반적인 사물을 가지고도 무언가를 표현하고야 만다(화가는 일반 사람보다 훨씬 풍요롭고 고양된 정신으로 객관적 사물들을 보며, 화가가 표현한 세계를 통해 일반 사람들은 세계를 더 잘 알 수 있게 된다). 예술가는 평화롭게 사는 것이 아니라 전체를 보는 것에 훨씬 재능이 있는 것이다. 왜냐하면, 쇼펜하우어도 말했지만, 다른 보통 사람과 당연히 비교가 되는 그 능력이라는 것이 평화로운 삶을 약속해주는 것은 아니기 때문이다. 예술가들이 갖는 불안이나 동요, 다른 사람들과 잘 섞이지 못하는 성향, 어떤 격렬한 의지와 열정, 전체적인 시야(보통 사람은 호기심이나 캐묻기 정도에 만족하지만)뿐만 아니라, 어떤 광기와의 조우 때문에라도 예술가는 소름이 끼치기도 하고 쉽게 사귈 만한 사람이 아닌 것 같을 때도 있다. 새로운 작품을 출산하기 위해 거의 이성을 잃을 정도로 불안과 고통에 시달렸던 버지니아 울프의 경우를 생각해보자. 이 작가는 앞으로 할 작업을 그려보는 동안만큼은, 또 그 후, 즉 책이 완성된 후에는 평온한 상태였다. 예술가는 개인의 고통스러운 체험 한복판에서 극한의 작업을 하여 그 무엇을 끄집어내고, 마침내 그것을 많은 사람이 보게 된다. 마치 하나의 진실을 마주하듯, 그 진실은 이제 자신의 진실이 될 터다.

예술 덕분에 고통이 변모하는 것이다. 『등대로』를 씀으로써 버지니아 울프는 어머니에 대해 가졌던 강박과 아버지에 대해 느꼈던 사랑과 증오의 감정에서 벗어난다. 자기 자신에 대해, 또 세계에 대해 작가가 수행했던 작업 덕분에, 단순한 독자인 우리 역시나 작가가 보는 것에 접근할 수 있다. 바로 이런 것이 작품의 영향이다. 행동으로 실현하는 것이 어려울지언정 해방되고 싶은 경향은 모든 사람에게 고유하다. 예술 작품은 적어도 시선을 변화하는 힘과 재능을 가지고 있다. 천재는 이데아를 개별과 특수 속으로 초대하기 때문이다. 예술가의 작품은 이데아의 표상과 소통을 통해 미적 기쁨을 준다.

> "마찬가지로, 식물학자는 식물의 본성 자체를 보여주기 위해 수많은 식물 중 단 하나의 꽃을 따서 해부하기도 한다. 시인은 인간이 살아가면서 겪는 상상할 수도 없는 어떤 혼란으로부터 유일무이한 장면을 만들어낸다. 이 장면이란 단순히 어떤 영혼 상태일 수도 있고, 감정일 수도 있는데, 바로 이를 통해 인간의 삶과 본질이 무엇인지 보여주는 것이다."(『소품과 부록』, 「아름다움과 미학의 형이상학에 대하여」)

예술 작품을 자주 접해야 인생의 고통에서 벗어난다는 하나의 명령문일 수 있다. 모든 예술 중 음악은 우리를 가장 잘 위로해준다. 우리의 몸과 영혼에까지 말을 거는 예술이다. 음악은 우리를 다시 안정시켜준다. 우리가 하고 있는 여러 '소비'에서 이미 보았듯, 우리는 그것을 너무나 잘 알고 있다.

쇼펜하우어는 이런 이유로 음악은 특별한 중계 없이 바로 의지에 접근하게 한다고 말했을 것이다. 음악은 예술의 서열에서 특별한 위상을 갖는다. 우리의 몸은, '의지'의 표현에 불과한데, 음악의 효과 속에서 감흥을 받고, 춤을 추며, 즉흥적인 몸짓과 함께 해방되는 것은 확실하다. 이렇게 음악은 우리 안의 '의지'의 표현이나 목표, 또 실질적인 제약에 따라 훨씬 더 움직일 수 있는 '의지'다. 특별히 우리가 어떤 것을 원하지 않아도 표현되는데, 마치 순수한 충동적 에너지 같은 것일 수 있다. 이런 의미에서 음악은 해방자다.

음악은 우선 우리 자신을 해방한다. 이어 우리를 은밀하게 건드리며 상상 세계나 기억으로부터 환기할 만한 재료를 길어낸다. 모차르트의 레퀴엠은 작곡가의 죽음이라기보다 우리 고유의 죽음이다. 우리 자신의 장례를 말하는 데 가깝다. 소리가 우리 안에 어떤 이미지나 추억의 조각들, 감각적 회상을 불러일으킨다는 것을 확인하려면 단 하나의 위대한 작곡에 우리의 몸을 실어보는 경험으로도 충분하다. 역설적으로 음악은 내밀함을 초월한다. 음악은 모든 인간에 대해, 모든 인류가 체험한 것에 대해 말하는 듯하다. 죽음, 사랑, 포기, 도전, 패배, 승리, 겁, 기쁨, 슬픔 등. 음악은 보편적 장면 위에다 내밀한 것을 옮긴다. 그리고 우리를 인간 조건에 밀어 넣기 위해 개별성으로부터 떼어낸다. 음악은 이렇게 내적이며 보편적이고, 가까우면서도 멀다.

"음악은 이런저런 기쁨과 고뇌, 고통, 공포, 가벼움, 즐거움 혹은 고요함 등을 표현하는 것이 아니다. 음악은 기쁨 자체이며, 고통 자체다. 추상화되는 모든 감정들 말이다. 음악은 어떤 부속장치 없이 정수를 우리에게 준다. 또한 그에 따른 어떤 동기도 없이. 하지만 우리가 너무나 잘 이해하듯, 음악은 하나의 미묘한 본질에 다름 아니다. 상상력은 음악에 의해 너무나 쉽게 깨어난다. 우리의 환상은 이 정신세계에 비가시적이면서도, 우리에게 직접 말을 하듯 너무나 살아 있고 역동적인 어떤 형상을 주려고 한다. 실제 세계로부터 끌어낸 유사한 패러다임 안에서 무엇인가를 구현하려고 애쓰는 것이다."(『의지와 표상으로서의 세계』, 「표상과 이성이라는 원칙」)

음악은 우리를 살고자 하는 의지로부터 해방한다. 가사가 없는 음악은 우리 상상 세계 속에서 변화하면서 정해지지 않는 상들을 불러일으킨다. 알레그로는 경마나 추격, 개선의 춤 혹은 일대일 결투가 연상된다. 음악은 무한하고도 바로 소멸하는 그 무엇을 환기한다.

"우리가 심포니 연주를 집중해 듣다 보면, 우리 앞에 삶과 세계의 가능한 모든 사건들이 줄지어 가는 것 같다. 하지만 잘 생각해보면, 연주된 곡과 우리 시각 사이에는 어떤 유사성도 없다."(『의지와 표상으로서의 세계』, 「표상과 이성의 원칙」)

풍성해졌다가 소멸되고, 혼란스러웠다가 뚜렷해지는 조직성으로 음악은 우리에게 '의지'와 세계의 정수를 보낸다. '의지'처럼 음악은 그 내용을 갖지만 비결정적이고 모순적이며 포착할 수 없고, 흘러넘치기도 하고 덧없이 사라지기도 하는 것이다. 음악은 지적 능력이라는 측면에서만 아니라 직접적으로, 직감적으로 세계의 진짜 조직을 이해하게 한다. 하나의 학문을 우리에게 주면서도 살고자 하는 의지를 주지는 않는다. 그저 우리를 해방하고 우리의 마음을 달래준다.

그래서 우리의 충실한 위로의 벗이자, 진정제이며 안정제인 음악을 이용하고 때로는 남용하는 것이다. 셀린 역시나 쇼펜하우어도 반박할 수 없게 "인생을 춤추게 하기 위한 음악이 자신 안에 충분히 없으면" 우울이 온다고 말한 바 있다.

자연이나 예술 작품을 관조하는 또 다른 암묵적인 목표 가운데 하나는 세계라는 무대 속에 빨려 들어가 잠시 우리 자신을 잊는 것이다. 사실상 자신의 쾌락과 이익, 만족 등의 추구 속에 있는 이상 우리는 삶의 의지나 여러 요구사항과 그에 따른 실망과 좌절 속에 예속되어 있는 셈이다. 자기 자신으로부터 놓여날 필요가 있다. 특히나 세계의 중심에 더 이상 자신의 에고를 놓지 말고, 세계 그 자체를 중심에 놓는 것이다. 이것이 관조의 미덕 그 자체다. 이런 미덕 속에서, 우리는 관조되는 대상에, 가령 유일한 현실일 수도 있는 풍경에만 온통 신경을 집중해야 한다. 우리의 의식은 해체되는 듯하고 나부끼는 듯하다. 의식은 마치 풍경 속에 흡수된 시선일 뿐이며, 오직 풍경과만 무엇을 할 뿐이라는 듯이 말이다. 이런 순간들만큼은 우리의 에고에서 벗어난다.

> "사물들을 멀리 놓는 것만 아니라 가까이 앞에 놓음으로써 우리는 모든 고통에서 벗어날 수 있다. 이 사물들을 순수하게 관조함으로써 우리 자신을 고양시킬 수 있는 것이다. 이런 사물들만이 우리 앞에 현존하고, 우리는 우리 자신이 결코 아니라고 믿기에 이를 수 있다. 이 순간, 우리는 슬픈 나로부터 해방된다. 우리는 순수한 인식의 주체로서, 오브제들에 완전히 동화되기에 이른다. 사물들에게는 우리의 비참함이 낯선 것일 수 있고, 이 비슷한 순간들에 우리의 비참함은 우리 자신이 된다. 표상으로 간주되는 세계는 홀로 그렇게 머문다. 의지로 간주되는 세계는 그렇게 사라진다."(『의지와 표상으로서의 세계』, 「표상과 이성이라는 원칙」)

이를 추구하는 목적은 '의지'에 습관적으로 예속된 우리의 앎으로부터 해방되는 것이며, 우리의 개인적인 나를 잊는 것이기도 하다. 의지 없는 눈이 되는 것이 관건이다. 세계는 하나의 무대 혹은 하나의 표상이 된다. 더 이상 우리 삶의 의지가 작동되는 곳이 아니다. 어떤 것도 우리를 격렬하게 동요하지 않는다. 이렇게 되면, 일몰을 관조하는 눈이 동굴에 있든 왕궁에 있든 그 무엇이 중요하겠는가. 이 눈이 위력을 지닌 왕의 것이든 불쌍한 거지의 것이든 그 무엇이 중요하겠는가!

만일 우리가 이런 집착에서 벗어나면 피로나 행동해야 할 필요 같은 끝없는 사슬에 더는 묶이지 않는다. 따라서 이제 우리는 가능한 한 관조를 해야 한다. 우리가 몰두해야 할 것이 바로 그것임을 깨달으면 평화의 순간을 맞게 될 것이다.

쇼펜하우어적 통찰

1

당신이 읽는 소설 속 이야기가 당신이 사는 시대나 공간과 상관없이 전개되어도 인물들의 외양이라기보다 인물 그 자체에 동일시되는 기분을 느껴본 적 있을 것이다. 당신 자신을 더 잘 이해하기 위해서라면 당신과 그 소설 주인공을 비교해보라. 그 인물들은 모든 인간이 근본적으로 겪는 모든 어려움과 기쁨을 산다.

당신의 개별성 속에 모든 인간 조건을 놓는 것이다. 가장 중요한 것은 당신의 개별적인 근심을 이해하는 것이 아니라 모든 인간에게 고유한 어려움을 이해하는 것이다.

보편적 지식을 통해 주어지는 이런 시각적 초월은 자기 자신만을 살펴보는 것보다 훨씬 자유로운 기분을 주지 않는가?

쇼펜하우어적 수행

1

우리는 흔히 같은 관념을 되씹는다. 이 되씹음은 나중에 독이 될 수 있다. 씹고 씹은 생각들을 다른 것으로 대체하면서 일격에 몰아내면 좋다. 관조가 이에 도움이 될 수 있다. 회화 작품 하나를 선택해, 그림 세계 속으로 완전히 들어갈 때까지 가만히 바라보라. 상상력을 동원해 보고 있는 것에서 더 많은 것을 보아라. 이런 연습을 하면 내면의 수많은 잡념들이 깨끗한 물로 단 한 번에 씻겨 내려가는 것 같지 않나?

2

생빅투아르 산을 그린 세잔의 그림 가운데 하나를 보라. 풍화작용을 겪은 자연의 요소들이 어떻게 그림으로 작업되었는지 보라. 해체되고 분산되어 사라질 듯 여린 형상들이다. 자연은 어떤 '살고자 함'을 통해 끊임없이 창조되고 재창조된다는 것을 이 작품을 통해 느낄 수 있지 않은가?

3

자연의 한 곳을 찾아보자(혹은 아름다운 곳). 그것을 관조하며 하루의 어느 한순간을 보내보자. 이런 일상적 실천이 당신을 평온하게 만들지 않나?

4

가능하면 어쿠스틱한 음악을 하나 들어보자. 음악을 들으면 영상들이, 또 다양한 감각들이 깨어나는 것 같지 않나? 감각의 환기를 통해 당신의 정신을 굴레로부터 벗어나게 해보자. 당신에 대해서는 더 이상 생각하지 말고 음악 속에 완전히 빠져 여러 이미지들을 자유연상 하며 조합해보자. 그것들이 당신에 대해, 또 보편적 인간에 대해 이야기하나? 아니면 둘 다 이야기하나? 이런 경험을 계속해보자. 마치 당신 자신을 잊은 듯 내적 고요에 침잠되지 않나?

‘에고’에서 해방되기

자기애라는 본능인 ‘에고이즘’은 짐승처럼 인간의 본성 안에 있다. 그것은 살고자 하는 의지에서 나온다. 인간은 자신의 이해관계를 드러낼 수 있고, ‘타산적인intéressé’[1]이라는 형용사를 ‘이기적인égoïste’이라는 형용사로 살아 끼운다는 점에서 동물보다 한 수 위다. 이는 인간관계에서 진정한 무기다. 살고자 하는 의지를 실행함과 동시에 탐욕스럽고 만족할 줄 모르면서도, 타자에 대해 스스로 당당하며 모든 종류의 포식을 감행할 준비가 되어 있기 때문이다. 우리는 이것을 충분히 인식해야 우리 자신으로부터 벗어날 수 있다.

---

1 ‘intérêt’(이익, 이자, 흥미)에서 파생한 ‘intéressé’는 인간관계에서도 이익을 따지고 손익계산을 한다는 더 구체적인 의미가 들어 있다. ‘égoïste’는 타자보다 자기를 더 중심에 둔다는 의미에서 이타적인 ‘altruiste’ 뜻과 구분된다. 이 책 본문에서 ‘이기주의’ 또는 ‘이기심’으로 번역할 만한 표현인 ‘égoïsme’은 ‘에고이즘’이라고 외래어 그대로 옮기기도 했다. ‘에고’라고 그대로 옮긴 것도 같은 맥락인데, ‘이기심’ ‘이기’ 등으로 번역된 표현은 ‘égo’가 아니라 ‘intérêt’라고 표현된 것을 옮긴 경우가 대부분이다. 문맥상 필요한 부분에서는 두 단어를 구분하기도 하고 때로는 혼용하기도 했음을 밝혀 둔다. – 옮긴이

우리는 항상 타인이 자신의 행동 속에서 자신의 이기를 추구한다고 생각한다. 그런데 그의 이기는 결코 우리의 이기가 아니며, 이렇게 이기주의는 우리와 그 사이의 차이를 계속해서 벌려놓는다. 타자는 우리의 이기에 도움이 될 때 가치가 있고, 우리에게 몇 가지 혜택을 줄 때 우리의 관심 대상이 된다.

> "무엇 하나를 알기가 무섭게, 보통 처음 드는 생각은 이 생각이 무언가를 하는 데 도움이 될 수 있을 것인가다. 만일 이 생각으로 아무것도 할 수 없다면, 대부분의 사람은, 의견이 생긴 즉시 정신을 차리고, 그것을 아무것도 아닌 것으로 생각한다."(『도덕의 기초』)

이쯤 되면 우리는 타자를 참을 수 없게 된다. 같은 원리로, 그 타자의 눈에도 우리는 참을 수 없게 된다. 결국 상대적인 이기 때문에 서로 충돌하면서 악순환되는 것이 바로 인간관계다. 우리의 이기심을 조절할 수 없을까?

아! 늘 '나'는 나 자체로부터 출발해 모든 것을 판단한다. 그런데 그렇게밖에 안 되는 것이, '나'는 무매개적이며 즉각적인 방식으로 아는 반면 타자는 매개를 통해 알기 때문이다. 따라서 불확실하고 덜 신뢰할 만한 타자를 믿는 것보다 나 자신을 믿는 편을 선호하게 된다. 어떤 사람에게 조언을 구할 때, 그가 그 사안에서 나에게 어떤 이익을 가져다줄 수 있을지 의심이 드는 순간, 그것이 전혀 사실이 아닌데도 그에 대한 신뢰를 거둔다. 우리는 그가 실제로 보는 것이 아니라 그가 원하는 대로 나에게 조언할 것이라고 의심하지 않나? 그의 의지는, 비록 스스로는 의식을 하지 않아도, 어떤 면에서 확실하게 표명되고, 결국 모든 목표가 자신을 겨냥한 것이지 않을까 의심한다.

> "그의 의지는 말 그대로, 좋은 의미로, 질문이 법정까지 갈 수 없어도 바로 답을 구술할 수 있다. 그의 의지는 의식을 하지 않아도 자기 구상에 이로운 쪽으로 우리를 끌고 갈 것이다. 자기가 원하는 것에 따라 말하는 순간에도 자기가 보는 것에 따라 말하는 것처럼 보일 수 있다. 눈치채지 못하게 편지 끝에서 거짓말하게 되는 것도 이런 점에서다. 그 정도로 의지는 지성보다 더 막강하다."(『도덕의 기초』)

어떻게 하면 도처에 존재하는 이런 이기심에도 마음 상하지 않을 수 있을까? 자기 자신에 대해 그랬던 것처럼 다른 사람들도 관객으로서 관찰하면 가능할 수 있다.

우리가 의식을 안 한다 해도 우리 자아는 결국 쓸모없이 에너지를 버리는 전쟁을 하루 종일 하고 있다. 따라서 휴식을 찾는다는 것은 자기로부터, 즉 전투 중인 자신의 '에고'로부터 떨어지는 것을 전제한다.

우선 '나'라는 외양이 입고 있는 옷을 해체해야 한다. 아름다움이나 늙음 같은 자신의 물리적 외양에 우리는 얼마나 신경 쓰는가. 미남이나 미녀는 제 아름다움이 시드는 것을 보는 것이 몹시도 괴로운가 보다. 자신의 존재 의미가 정복과 성취에 있다면 성적으로 덜 매력적일 수 있다. 또한 다른 사람으로부터 인정받고 싶고, 존경 받고 싶고, 칭찬 받고 싶다는 사회적 외양에서도 벗어날 필요가 있다. 자신의 지성을 빛내고 싶고, 중상하는 자들을 이기고 싶고, 교환에 있어 우위를 점하고 싶고, 경쟁 속에서 체면을 구기고 싶지 않은 마음 역시나. 자신의 에고를 부추기는 경우는 이렇게 많다.

> "우리가 하는 모든 것 속에서도, 우리가 삼가지 않는 모든 것 속에서도 우리는 다른 사람의 의견에 더 신경 쓴다. 나중에 살펴보면, 우리가 느끼는 걱정과 불안의 절반 이상은 바로 이런 신경 쓰기에서 생긴다는 것을 알 수 있다."(『소품과 부록』, 「인생의 지혜에 관한 아포리즘」)

초연은 자신에게 아첨하는 의견에도, 아첨하지 않는 의견에도 무심하게 있는 것이다. 타자가 우리에 대해 하는 것에도, 우리가 타자에 대해 하는 것에도 무심하게 있는 것이다. 그렇지 않으면 우리는 결국 타인의 마음에 들기 위해서만 살아야 하고, 그들 눈에 아름다운 이미지로만 남기 바라면서 마치 내가 그들을 위해 존재하는 양 살게 된다. 더 이상 자신의 생각이나 관점, 견해가 이기는 것을 보려고 하지 않음으로써 초연해질 수 있다.

자유는 개인적인 사건이 닥쳤을 때 그 모든 것을 다 해결하려는 욕망을 포기함으로써만 생길 수 있다. 싸움에의 경향은 끝도 없다. 세계라는 무대를 잠시 바라보자. 여기서 인간들은 자신을 증명하고, 다른 사람의 인정을 받기 위해 싸우고 있다. 체면을 잃지 않기 위해 상대를 지배하려 하고, 이기려 하고, 제패하려 한다. 여러 경우에서 우리가 얼마나 이런 성향을 드러내는지 충분히 알 수 있다. 우리는 끊임없이 자신을 평가하고, 우리를 다른 사람과 비교하며, 주식시장처럼 우리 주가가 올라가고 내려가는지 체크한다. 또 다른 자아는 분명 경쟁자다. 승리 때문이기도 하고 다른 사람을 통해 얻는 인정 때문이기도 하다. 따라서 상대의 코를 납작하게 해야 하고, 입을 다물게 해야 하며, 더 이상 그의 광채가 다른 사람에게 퍼지는 것을 막아야 한다. 최소한의 사건도 늘 전투를 핑계 삼게 마련이다. 식탁에서의 토론, 회합이나 직장 동료들과 커피 자판기 앞에서 나누는 대화 등. 이 모든 것이 사회적 게임이며, 매치이며, 일대일 결투다.

서로에게 비위를 맞춘다면 다른 사람들과 함께 있는 이런 방식을 그만두는 것이 될까? 우리를 풀어놓는 유일한 방법은 우리를 동종의 사람들로부터 떨어뜨려놓거나, 교유를 그만두게 하는 것일까? 만일 우리가 다 내려놓는 첫 번째 사람이라면, 다른 사람들은 그것을 자신들의 승리로 착각할 위험은 없지 않나? 우리를 약한 사람, 패배자, "완료된has been 사람"이라 보고 배제하지 않을까? 이것을 두려워한다는 것은 우리에게 필요한 진정하고도 유일한 힘인 획득된 평화만을 보려 한다는 의미는 아닐까? 그런데 이런 평화는 타자가 우리에게 갖는 의견에 초연할 때만 얻어진다. 자기만 제외하고 마약에 중독되지 않았다고 우리를 비난하는 마약 중독 환자가 있다면, 이런 환자의 의견은 사실상 무엇이 중요하겠는가? 사실 치료하는 것만이 유일한 진정한 목표가 아닐까?

이것은 물론 고독을 두려워하지 않는 것을 내포한다.

"라 브뤼예르는 '우리의 모든 고통은 혼자 있을 수 없는 데서 온다'[2]고 말한다. 무리를 짓는 것은 위험한 경향에 속하며, 심지어 치명적이기도 하다. 왜냐하면 우리는 다른 사람들과 관계를 만들지만, 이 사람들은 대부분 도덕적으로 나쁘고, 지적으로는 보잘것없거나 조악하기 때문이다. 비사교적 인간은 이런 사람을 필요로 하지 않는 인물로, 사회 없이도 충분히 자기 안에 무언가를 가지고 있어 그것만으로도 행복한 사람이다. 마찬가지로 우리의 모든 고통은 사람들 사는 세계로부터 오는데, 건강 다음으로 행복의 가장 본질적 요소인 정신적 고요가 위험에 처하게 될 수 있기 때문이다. 실제로 고독의 순간

2 Jean de la Bruyère, "De l'homme", *Les caractères.*

이 어느 정도 있지 않으면 이 정신적 고요는 있을 수 없다."(『소품과 부록』, 「인생의 지혜에 관한 아포리즘」)

'자기중심적으로' 사는 방식에서는 모든 것이 평가를 받을 구실이 된다. 어떤 기업에서는 성공을 해야 가치를 발휘한다. 실패는 나약함을 의미한다. 우리 '존재'와 관련한 과도한 걱정은 우리가 '무엇인가를 잃게 되지는 않을까' 하는 과도한 걱정과 반드시 통한다. 잃어버릴까, 손해볼까 하는 뿌리 깊은 공포를 그만 가져야 한다. 이것이 바로 '내려놓기'의 교훈이다. 우리에게 닥친 일을 더 이상 사적인 일로 보지 말자. 누군가가 우리를 공개적으로 공격한다고 생각하자. 자존심을 생각하면 고통은 어마무시하다. 다음번에는 이런 모욕의 책임자를 혼내주러 가거나 그 역시도 모욕을 당하게 하거나 그를 비웃거나 상황을 다시 통제하려는 생각을 그만두게 해야 한다. 우리는 다가올 전투에서 전사가 될 준비를 해야 한다. 끔찍한 고통이 있겠지만 동시에 흥분되는 복수도 기다리고 있다. 차분함이란 없다. 그런데 이것이 진정으로 고통의 가치가 있다는 말인가? 적수가 나한테 한 방 맞은 다음 다시 복수하려 든다면? 남아 있는 일은 무엇인가? 이제 서로 약이 올라 탐욕스럽고 집요한 증오로 들끓으니 돌이킬 수 없는 사태가 오지 않을까? 만일 이런 종류의 싸움을 계속한다면, 얼마나 많은 전선을 배치하고 또 유지해야 하나? 자기 자아에 대한 존중으로 온통

에너지를 소비하는 일들, 헛된 불안들. 쇼펜하우어는 다소 악동 같은 볼테르를 인용하기도 한다. 볼테르는 이렇게 말했다. "우리에게 살아갈 날이 단 이틀 있다면, 비열한 악당들 다리 밑을 기어가는 데 보낼 시간은 없다."

> "인간들은 다른 사람들한테 좋은 평가를 받기 위해 수많은 위험과 쓴맛을 느끼며 평생 끊임없는 노력을 한다. 단순히 일자리나 칭호, 명예 같은 것만 아니라 부, 학문, 예술 또한 기본적으로 단 하나의 목표 때문에 추구되는 것인데, 그 궁극적 목적은 다른 사람들로부터 더 많은 존경을 받기 위함이다. 이것만 보아도 인간의 광기가 어느 정도인지 증명된다."(『소품과 부록』, 「인생의 지혜에 관한 아포리즘」)

타자의 견해에 얼마나 신경을 쓰는가! 쇼펜하우어는 공격자를 격렬하게 비방하기에 이르는 유럽인들의 명예 개념을 비웃는다. 또 다른 유럽인들은 모욕 주기에 과도한 중요성을 부여하기도 하는데, 모욕적 언사를 발설하는 그 입이 어떤 입이냐는 상관없이 자신의 명예를 실추시키는 사람은 죽을 때까지 공격할 수 있다. 그 누구든 말이다. 이것이 차라리 "인간적"이라고 생각할지 모른다. 하지만 반드시 그렇지는 않다. 고대 그리스 시절에는 공격자의 의도라는 것이 나쁠 수밖에 없으므로 공격자에 대해 어떤 존중도 하지 않았고, 공격을 받아도 반박하지 않았다. 말해진 것에 대해 연연해하지 않아야 도리어 공격당한 사람의 위엄이 지켜졌다. 위엄은 다른 사람의 의견이 아니라 자신의 행동에 달려 있었다. 반면 우리는 다른 사람들이 갖는 의견에 우리 자신이 좌우되는 것에 가치를 두지, 우리가 하는 반응에는 그다지 가치를 두지 않는다. 이것은 우리가 노상 타자에 대해 신경을 쓴다는 것이다(그 사람이 정말 나쁜 사람이고, 약간 멍청해도 신경이 쓰이기는 마찬가지다). 악평을 잠재우려고 우리는 싸움을 멈추지 않는다. 더 이상 동요되지 않기 위해 욕을 되돌려주는 것이다. 타자의 담론에 의해서가 아니라 우리 고유의 작업과 작품에 따라 우리 자신을 평가하는 법을 배워야 할 것이다.

> "아무 말도 안 들리도록 모든 공격적인 말을 다 잠재우기보다 자기 고유의 가치에 대한 약간의 의견이라도 가져야 한다. 자기 자신에 대한 진정한 존중은 고요를 주고 실질적 경멸은 욕설을 주는 것이다."(『소품과 부록』, 「인생의 지혜에 관한 아포리즘」)

열정을 너무 집어넣지 말고 다시 이성을 차려보자. 확증 사실은 이것이다. 인간들은 다소 악의적이어서 다른 사람의 참담한 실패를 즐긴다. 하지만 이런 진창 속에서 뒹굴어야 할 어떤 의무도 없다. 우리도 그 사람한테 망신 줄 것이 있기는 하지만 똑같이 대응하면 악의가 되풀이된다. 못되게 구는 사람한테 대꾸를 해 상황을 악화할 필요가 없다. 소크라테스는 발길질을 당해도 그 자리에서 복수하지 않았다. 그 발길질이 자신을 향한 것이 아니라는 것을 알고 있었기 때문이다. 인간들은 고통을 당해도 그 이유를 알지 못한 채 도중에 다른 사람들을 책임자로 만들며 더 사악해진다. 이런 의미에서, 적어도 고통의 이유를 알기만 해도 우리는 덜 공격적일 수 있다!

물론 초연함에 이르기까지 쉽지 않겠지만 이기기 위해 상대를 기진맥진하게 만드는 모순적인 관계 속에서 서로 실망하다 보면 이런 부조리한 감정이 드는 것이 사실이다. "나는 이거 원하지 않아" "나는 더 이상 이거 원하지 않아" 이런 감정은 '에고'의 후퇴를 알리는 좋은 징조다.

우리 자신에 무심해지기 위해서는 우리 자신을 관객의 시선으로 보아야 한다. 우리에게 일어난 '일'과 '우리'는 사실 특별히 관련이 없다. 우리는 운명에 집착하지만, 세계를 보는 관객이 만들어낸 산물로서 보아야 한다. 우리 역시나 그 산물의 일부다. 우리는 거기에 꼭 참여하지 않아도 본능이 밀려 나오는 것을 직감한다. 우리의 몸이 본능적으로 이완과 기쁨과 환희를 요구한다면, 우리의 정신은 이런 요구들 속에서 무언가를 느끼지 않을 수 없다. 사실 이것이 자연이 갖는 대혼융이다. 끝없이, 하지만 헛되이, 목표도 없이 요구하고 주장하는 것 말이다.

바깥에서 볼 때 가장 아름답게 보이기 위해 끊임없이 우리는 자신을 수정하고 내면을 조각하느라 거리 둔 시선을 갖기 힘들다. 그런데 자신의 영혼을 바라보고 얕은 여울과도 같은 영혼을 위대하다고 적고, 인간 희극과도 같은 광경을 보며 미소 짓는 것은 무척 흥미로운 일이다. 쇼펜하우어는 항상 일기장을 갖고 다니며 그곳에 자신의 영혼 상태를 적었다. 그 영혼 상태가 별로 반짝이지 않을 때도 말이다. 자기의 사례를 보여주려고 했다기보다 자신을 살피며 자신으로부터 떨어져 나와 자신을 바라보기 위함이었다. 다른 사람들도 그 일기를 보면서 자신을 고치고 살피며 더 나아질 수도 있었을 것이다. 배울 만한 것을 찾으려는 것이지 그의 내면을 들여다보는 것은 아니다. 쇼펜하우어는 다른 사람들이 자신의 고백을 어떻게 생각하는지에 관심도 없었다. 순수 관찰만이 그의 관심사였다. 자기 자아가 비판가들의 먹잇감이 되든 말든 상관없었다. 이런 행위는 어떤 면에서 모범이 될 만하다.

자신에 무심해지는 것이 아직 연옥 단계는 아니다. 우리의 비열함이나 신경질, 치사함 등은 그대로 남아 있지만, 감추기보다 보는 것을 받아들이는 단계다. 우리 자신에게는 초연해졌지만 이것으로 끝은 아니다. 승리를 거두겠다거나 모든 상황에서 혜택을 보겠다는 등의 투지는 더 이상 없다. 잠재적인 갈등의 뇌관은 거의 제거되었다. 그도 그럴 것이 그 해결책이 우리와 아무 상관이 없기 때문이다.

초연함은 우리가 내면에서 관찰하는 것이 더 이상 우리가 아니라는 사실을 깨달으면서 시작된다. 예를 들어 우리는 우리의 질투가 아니다. 그것을 우리는 본다. 정신적 관점에서 이것은 큰 차이가 있다. "나는 이런 성적 욕망이 아냐. 나는 내 몸이 욕망을 느끼는 것을 관찰하고 있어." 이런 거리 두기는 이미 자유를 향한 걸음이다. 한 사람은 자기 욕망과 충동 속에서 범행을 저지른다. 또 한 사람은 비난받아 마땅한 충동을 자신도 가지고 있다는 것을 알고 있고, 그것을 치료하겠다는 열망을 가진다. 두 사람에는 분명 차이가 있다.

불자들은 집착을 벗어내는 초연의 연습으로 '새김의 토대에 대한 경Satipatthana Sutta'[3]이라 불리는 것을 제안한다. "이것은 나의 것이 아니다. 나는 이것이 아니다." 이 연습은 치료의 효험이 있다. 우리가 자신에 대해 느끼는 지각을 변경해주기 때문이다. 이전의 '나' 혹은 '내 것' 대신에 '그'라고 하는 비인칭을 연습하는 일이다("나는 배가 고프다"라고 말하는 대신에 "내 몸은 배가 고프다" "그는 배가 고프다"라고 말한다. "나는 고통스럽다"라고 말하는 대신에 "오만은 고통을 느낀다"라고 말한다). 이렇게 해야 집중하는 사물을 자기 자신으로부터 떼어놓을 수 있다. 나는 이 몸이 아니다. 이런 이성조차 아

---

3 열반을 실현하기 위해 집중하는 수행의 네 단계다. 첫째, 세상의 탐욕과 근심을 제거하며 몸에 대해 몸을 관찰하기. 둘째, 느낌에 대해 느낌을 관찰하기. 셋째, 마음에 대해 마음을 관찰하기. 넷째, 사실에 대해 사실을 관찰하기. — 옮긴이

니다. 마치 비인칭 주어를 써서 "비가 내리다" "눈이 내리다"라고 말하는 것처럼[4] 그렇게 생각하는 것이다. 이런 연습을 하면 익명의 현재성 속에 있는 '나'는 분명 흩어지고 사라진다. 생각은 그렇게 바로 나타날 수 있는데, 이런 생각에 바로 적응되지는 않는다. 생각은 잠시 그렇게 떠다니다가 조용히 사라진다. 하지만 의지적 행동이 다시 개입하자마자("나는 내 정신으로부터 이 생각을 몰아내야 한다") 모든 비동일화 과정이 다시 무너진다.

우리 개별성은 자체의 본질을 갖지 않아서다. 우리 세포의 단계를 보자. 세포들은 우리가 탄생한 이래 몇 번을 거쳐 재구성되었다! 도대체 우리의 영속성은 어디에 있나? 우리는 질료의 흐름에 불과하다. 그것에 동화하면서 대체되기 전에 스스로를 파괴하는 것이다. 그러니 거기에 어떻게 집착할 수 있겠나?

행복을 추구하는 것이 아니라 행복에 무심해져야 도리어 행복해진다. 역설적으로 집착으로부터 벗어나야 진정 행복해질 수 있는 것이다. 자기 자신에게 좋거나 나쁘거나 한 것을 찾는 것, 이것이 도리어 그토록 소중한 자아를 망친다. 타협 논리에 둘러싸여 있는 세상에 더 집착하지 말기, 근심하지 말기. 이것이 진정한 휴식이다.

---

4 우리말은 '비가'나 '눈이'처럼 사물 주어를 직접 쓰지만, 영어나 프랑스어는 'it rains'나 'il pleut'처럼 비인칭 주어 'it'이나 'il'을 써서 표현한다. — 옮긴이

쇼펜하우어적 수행

1

일주일 동안 해묵은 자아 투쟁을 더 이상 하지 않겠다고 결심하자. 사전 검토를 하는 것부터 그 시작일 수 있다. 우선, 하루 동안 '자기 근심'이 나타날 때마다 수첩에 적어라. 그것은 흔히 다른 사람한테 칭찬받거나 상처받은 감정들일 것이다. 일단 이 준비 작업이 되었으면, 다음 단계로 넘어가자. 다른 사람들의 의견이 아니라 그들이 하는 행동을 관찰하라. 그들에게 어떤 것도 논증하려 하지 말고 행동만 취하라. 한 주가 끝나갈 때쯤, 결산을 내보자. '자기 존중'이 있는데도 정말 당신이 패배했는가? 예전보다 훨씬 편안하지 않은가?

2

하루 동안 무슨 일이 벌어질지 예측해보자(가령, 어떤 일이 나를 어떤 방향으로 데려갈까. 나는 아마도 이런 방식으로 행동하겠지?). 이어 예측과 현실을 대면해보라. 현실과 다르게 했다면 어떻게 그렇게 되었는지 분석해보라.

3

모든 것에 대해 과학에서 하듯 임상적이고 차가운 시선을 던져라. 일어난 것이 당신에게 직접적인 영향을 미칠지라도, 해부학 탁자에 놓인 벌레를 보듯 차갑게 관찰하라. 우리 자신을 관찰하는 자의 위치에 둔다면 일어난 일에 덜 영향을 받는다. 우리 운명에도 덜 집착하게 된다. 이것이 바로 그토록 '소중한 나'에서 벗어나 약간 자유로워지는 길이다.

4

체험한 상황을 체스 선수의 시선으로 관찰하라. 방금 놓은 체스를 마치 그것을 놓지 않은 사람처럼 회고적으로 바라보는 것이다. 그러면 이른바 파토스를, 즉 당신에게 영향을 미치는 어떤 지배력을 제거할 수 있게 된다. 가책은 일종의 유해함을 가져온다. 외부에서 들어온 타격을 보면서 그 효과나 무용함을 관찰하지만 당신은 그 장면에 부재한다. 그러면 승리감도 패배감도 들지 않을 것이다. 가책이나 훨씬 더 잘할 수도 있었을 것 같은 감정은 우리라는 사람에 너무 집착해서 생긴 것이다.

5

쇼펜하우어처럼 일기를 써보라. 당신 영혼의 모든 비열함을 관찰자의 단순한 시선으로 짧게 열거하라. 목표는 자신을 채찍질하는 것이 아니라 그저 인간의 가슴을 가진 진지한 관찰자가 되는 것이다. 자기 자신에 집착하기 때문에 여러 사실을 꾸미고 약간의 자기 존중을 위해 사실들을 재해석한다. 반대로 가슴에서 용솟음치는 것을 써보라. 그러면 정말로 자신의 자아로부터 떨어져나오는 것을 느낄 수 있을 것이다.

6

자아와의 '비동일화'를 연습해보라. '나'를 '그'로 바꾸어보라. 그렇게 생각하자마자, 당신의 일기장에도 그렇게 적어보라. "나는 ~라고 생각한다"를 "이런 생각이 막 솟구쳤다. 그에 따르면~"이라고 적어보라. "나는 분노를 느꼈다"라고 하는 대신에 "~에 의해 야기된 분노라는 감정이 있었다"라고 적어보라. "나는 불안하다" 대신에 "불안이 내 영혼을 뒤흔들려 하고 있다. 그것은 어디에서 온 것일까?" 등등. 이런 비동일화는 당신을 초연하게 만든다.

보편적 사랑을 위한 자기 체념

초연이나 관객자적 시선 등 우리가 앞에서 살펴본 것은 모두 그 목적이 모든 것에게, 또 모든 사람에게 무심해지라는 것이다. 이런 것이 쇼펜하우어 철학 중 일부지만 차갑고 임상적인 시선을 갖는 것이 항상 관건은 아니다. 긍정하고 확신하는 것을 더 이상 추구하지 않게 해주는, 그러니까 살고자 하는 의지로부터 벗어나게 하는 단계에 불과할 뿐이다.

자기 긍정은 이기심과 선망, 질투를 만들어내며 체념은 연민과 관대, 이타심을 만들어낸다. 만일 '그'가 '나'이고, '내'가 '우리'면 나는 타자의 고통을 더 많이 근심하는 것이다. 성찰의 결실로 보편적 사랑을 이해하게 된다. 타자는 또 다른 나이며, 그의 고통은 나의 고통이라는 것을. 우리는 모두 고통 받는 같은 살이라는 것을, 같은 맹목적인 의지를 가진 같은 존재라는 것을. 자기 체념은 모든 사람이 들어올 수 있는 입구를 만드는 일이며, 모든 인간을 마음과 눈빛으로 껴안아주는 하나의 방법이다.

이런 덕의 실행은 자기 자신에게도 이로운 자유를 준다. 정신적 미덕부터 시작해보자. 그것을 가꾸고 싶은 마음이 든다면 벌써 어느 정도 자유로워졌다는 신호다. 해방의 길은 멀지 않았다.

연민은 다른 사람이 고통 받는 것을 보면 마음이 무척 안 좋아지는 감정이다. 연민은 도덕의 기초로, 다른 사람에게 고통을 주는 것을 막기 때문이다. 아니면 적어도 그 사람의 운명을 걱정하면서 결국 돕게 만든다. 연민은 우리의 몸과 신경, 정신 속에서 타자가 겪는 고통을 함께 느끼는 것이다. 이런 공감 현상은 이성에서 완전히 벗어난 것으로, 우리 자신을 다른 사람에게 이입할 수 있다는 것을 보여준다. 이제 타자는 더 이상 내가 아닌 것이 아니다. 연민 속에서 '너'는 '내'가 된다.

> "여기에 연민의 일상적 현상이 있다. 모든 무매개적 가담. 어떤 뒷생각 없이 우선 타자의 고통에 가담하고, 이어 그것을 멈추는 일에, 또 이런 고통을 진압하는 데에 가담하는 것이다. 왜냐하면, 여기에 편안과 행복의 마지막 본질이 있기 때문이다."(『도덕의 기초』)

연민은 승리 도취적인 이기심과는 반대되는 것으로 우리를 이기심으로부터 벗어나게 한다. 따라서 연민을 기르는 것이 중요하다. 그런데 쇼펜하우어의 분석은 더 멀리까지 간다. 쇼펜하우어에 따르면, 연민을 느끼는 것은 타자의 문제와 자기의 문제를 혼동해 끈끈이에 걸리듯 타자 문제에 빨려 들어가는 것만은 아니다. 연민이란 실존이 고통이라는 것을 인정하는 것이다. 연민은 이런 고통에 반하여 저항의 움직임을 일으키고(처음에는 자기 고통, 이어 모든 사람의 고통), 고통을 멈추게 하고야 말겠다는 결심을 하게 만든다. 따라서 그것은 이런 분노의 외침이다. "이제 그만 됐어! 지금으로도 충분해! 제발 그만 끝내자." 고통 없이 살 수 있다고 믿는 사람이나 고통을 겪는 사람, 그 고통에 일부분 자기 책임이 있는 것이라고 생각하는 사람은 자기 동시대인들에게 연민을 느낄 수 없다. "가서 치료해! 치료사를 만나봐! 삶을 바꿔봐! 그만 불평하고 뭐라도 해봐!" 연민을 호소하며 자기 개인적 시간을 빼앗는 사람에게 이렇게 외치기도 하니까.

고통을 겪어본 사람만이 다른 사람의 고통을 안다. 그 고통을 어루만지며 어떤 따듯한 눈길의 인류애를 실현하는데, 여러 같은 이유로 인간에게서는 끊임없이 신음과 기도 소리가 흘러나온다. 고통의 이유들은 도처에 있다. 출구는 개인의 의지나 노력 안에 있지 않다. 인류에 대해 경멸할 것도 없고, 의지를 강조하는 대화를 할 것도 없이 그저 연민을 실천할 수 있다. 연민은 범사랑을 가능하게 하며 이것이야말로 실존에 대한 가장 본질적인 성찰의 결실이다.

"다른 사람을 위해 우리의 선의로, 부드러움과 관대함을 실행하는 순간, 우리는 그들의 고통을 완화시킨다. 무엇이 우리를 선하고 온화한 행동을 하도록 만들까? 타자의 고통에 대해 아는 것, 바로 그것이다. 우리 고통이 있어야 다른 사람의 고통을 짐작한다. 그것을 동일시하기 때문이다. 순수한 사랑은 연민으로부터 자연스럽게 기인한다는 것을 비로소 알게 되는 것이다."(『의지와 표상으로서의 세계』, 「의지는 긍정되고 이어 부정된다」)

실존이 고통이라는 것을 이해한 사람만이 고통 받는 타자를 더 이상 죄악시하지 않으며, 그것이 쓸모없다는 것을 알기 때문에 훈계를 하거나 영향력을 발휘하지 않는다. 그에게 이렇게 말할 수 있다. "너의 하소연은 건강해. 너의 기도는 명철함의 노래야. 너의 신음은 너의 해방의 첫걸음이야." 타자의 하소연을 거부한다면 그것은 의심스럽다. 자기 고통에 대해서도 의지적인 무심함을 보일까? 맹목적으로? 다른 사람의 고통을 거부한다는 것은 잔인하다. 다른 사람의 고통에 부담을 주자는 것이 아니다. 누가 그럴 수 있겠는가? 이 고통을 그저 보고, 살고자 하는 의지를 자신에게 부과하는 고통 한가운데서 그 고통을 재현하자는 것이다. 이 고통의 광경을 그저 시선으로 견디자는 것으로, 그렇게 해야 의지에 "아니, 아니, 안 돼!"를 외칠 수 있다.

정의와 자애를 실천한다는 것은 우리가 더 이상 과오에 빠지지 않을 것이라는 신호일 수 있다. 우리는 무엇에서 승리하는가? 우리는 우리 자신에 대해서만 개인적 삶을 만든다고 믿는다. 일단 우리가 개별화라는 원리에서 양산된 과오에서 벗어나면, '나'는 '우리'가 된다. 타자를 고통 받게 내버려두면 나도 아프고, 그렇게 된다는 것이 또 이상하다. 사실상 다른 사람이 내가 아닌 것은 아니며, 나도 다른 사람이 아닌 것은 아니다.

> "이 에고이즘으로 모든 사람은 근본적인 과오를 저지른다. 역으로, 다른 사람에 대해 내가 아닌 사람이라고 믿게 한다는 것이다. 그저 올바르고, 고상하고, 인간적인 모습으로 자신을 드러내는 것은 나의 형이상학을 행동으로 번역한 것에 다름 아니다. (……) '너는 어느 날 네가 오늘 화를 내는 그 사람의 형태로 다시 태어날 것이고, 같은 모욕을 견뎌내야 할 것이다' 이것이 브라만교에서 자주 인용하는 '탓 트밤 아시Tat twam asi', 즉 '그것이 당신'이라는 것이다."(『의지와 표상으로서의 세계』, 「도덕에 대하여」)

이런 정신적 도덕을 실천함으로써 자기 자신을 적당히 체념하고, 살고자 하는 의지도 부정할 수 있다. 우리가 부르짖는 사회적 정의, 도덕적 정의라기보다 이것이 진짜 '정의'이며 공명정대함이고 침해할 수 없는 올바름이다. 이것이 첫 번째 미덕이며 따라야 할 무거운 의무다. 이런 미덕을 전적으로 진지하게 실천하려면 인생에서 필요한 감미로움을 제거해야 하는 희생이 따른다. 처음에는 감미로움이 마음에 들었다가 이제 그것을 체념하기에 이르러야 한다. 이렇게 정의는 희생을 요구하고, 비로소 정의가 찬미할 만한 것이 된다.

> "인생은 스스로 끌고 가는 것이며 각자 자기 몫을 지니는 법이다. 가령 어떤 속임수나 폭력을 쓰는 부정에 대해 다른 사람에게 그 책임과 고통을 전가하지 말고, 인간의 삶을 무겁게 짓누르고 있는 고통이라는 무거운 짐을 완전히 수용하면 될 것이다."(『의지와 표상으로서의 세계』, 「살고자 하는 의지의 부정론」)

인생의 짐을 지는 것이 당연하다는 것을 완전히 인정하면 삶에 늘 고통이 있다는 것도 알게 된다. 그러니 다른 사람을 비난하고, 다른 사람에게 자기 짐을 떠안기면서 자기 책임으로부터 도망갈 필요가 없다. 도망갈 구멍이 없다는 것을 알면 된다. 그러면 살고자 하는 의지도 체념되며, 단념할 수 있기에 이르는 것이다.

여기서 정의는 고통과 기쁨을 동등하게 배분하자는 것이 아니다. 진짜 정의로운 사람은 자신이 문제 제기하고 규탄하는 어떤 시스템의 폭력과 박해에 자신을 노출한다. 일종의 위험에 스스로 들어감으로써 훨씬 무거운 짐을 진다. 보통 인간이 노출되는 죽음이나 결핍, 위협, 쇠퇴, 추격, 유배 등의 고통을 자신에게 집중하는 것이다.

결국 정의로운 사람은 자신의 대의를 옹호하며 기꺼이 죽음을 받아들인다. 죽음의 공포를 초월한다. 어느 날 그랬듯 지금도 그렇고 삶은 달콤하지 않으니 말이다. 상실의 두려움도 가질 것 없다. 고통의 원인이 그것이니 말이다. 결말을 꺼려할 것도 없다. 이미 해방이 되었으니 말이다. 이 결말을 서두를 것조차 없다. 통찰은 이미 이 결말의 도래다. 인생에서 더는 기대할 것이 없다. 살고자 하는 의지에서 해방되었으니 말이다.

염세주의자는 흔히 타자의 운명에 무관심한 사람으로 여겨진다. 인간의 정신적 혁신을 믿지 않기 때문이다. 하지만 쇼펜하우어의 염세주의는 다른 사람들 가운데에 자신도 있는 것을 아는 것이며, 그들 운명에도 관련되어 있음을 아는 것이다.

연민은 타자에게 상처를 주지 않게 하는 것뿐만 아니라 타자를 돕게도 한다. 연민이 불러일으킨 행동은 아주 자연스럽고 사심도 없는 것이어 그야말로 자애롭다. 자애심은 훨씬 빨리 이기심을 단념하게 만든다. 이 미덕을 실천하는 사람은 우선 다른 사람 안에서 자기 고유의 존재를 인식한다. 이런 사람에게 '너'는 '나'와 다르지 않다. 이어 자기의 운명이 모든 인류의 운명과도 동일시된다. 그런데 이런 운명에도 혹독함은 부족하지 않다. 모든 사람이 겪는 고통과 부당한 아픔, 죽음이 있다. 우리가 저지르는 과오는 나만은 고통을 피할 수 있다고 믿는 데서 생긴다. 그런 고통은 다른 사람에게만 닥칠 것이라고 생각하는 것이다. 그런데 내 고통이 조금 덜하면 거기서 약간의 기쁨을 맛보기도 한다. 행복하지는 않지만, 다른 사람보다 약간 내가 덜 고통스러운 편 아닌가? 반면, 자애란 이런 계산 따위를 하지 않는 것이다. 자애를 실천하는 사람은 더 유리한 것을 거부하는 사람이고, 그 유리함을 다른 사람에게 주는 사람이며 각자 자기에게 있는 것 이외에 다른 운명은 추구하지 않는 사람이기 때문이다.

> "이렇게 모든 이득과 요행을 포기하는 사람은 보통의 인간이 갖는 운명 이외에 자신을 위한 또 다른 운명을 원하지 않으며, 인간의 운명을 더 오래 원하는 것도 할 수 없다."(『의지와 표상으로서의 세계』, 「살고자 하는 의지의 부정론」)

자애는 자아를 포기하게 만든다, 다른 사람들보다 훨씬 더 나은 사람이 되고 싶다는 어떤 감정이나 욕망 따위도 포기하게 만든다. 자애는 범사랑을 만든다. 바로 그래서 해방을 향한 길이다.

정의와 자애를 실천하면 우리는 더 이상 고통을 하소연하지 않는다. 인생이 달콤하기를 더는 갈구하지 않을 것이다. 그럴 수 없다는 것을 알고 있으니 말이다. 우린 더 이상 도망가는 태도를 갖지 않는다. 사는 것이 힘들다고 해서, 우리가 실존 속에서 겪는 전투가 거칠고, 옥죄고, 끝이 없다고 해서 우리 자신 안에 더는 숨지 않는다. 우리는 마침내 그런 고통이 어쩔 수 없으며, 인생에서 기대할 수 있는 것은 별다른 것이 없다고 인정하게 된다. 우리는 더 이상 고통 받는 것이 두렵지 않다. '단식'이나 '고행'을 수용하면 되는 것이다. 이제 우리에게 힘과 새로운 평화가 주어진다.

> "정의는 영원한 고행을 마련해주는 거친 피륙이며, 자애는 필요한 것을 박탈하는, 매 순간의 단식이다."(『의지와 표상으로서의 세계』, 「살고자 하는 의지의 부정론」)

쇼펜하우어는 구원의 두 길을 그려 보인다. 자아와 의지로부터 초연해지는 두 가지 방법이다.

– 관조의 평온함(가령, 예술이나 자연을 통하여).

– 이른바 섬광. 이 말이 너무 막연하다 싶으면, 아주 잠시, 살고자 하는 의지의 부정이 솟구침.

쇼펜하우어적 수행

1

연민을 연습해보시기를. 그러려면 우선 다른 사람의 운명을 알고 이해해야 한다. 우리는 흔히 다른 사람의 고통을 과소평가한다. 그들이 겪는 고통은 작은 것이고 별것 아니라는 식으로 말하면 그들한테 좋을 것이라고 생각했을 수 있다. 하지만 잘 생각해보면, 우리 눈에는 작아 보이는 고통이 그들에게도 그런지는 모를 일이다. 우리는 다른 사람의 고통에 그 고통에 버금갈 만한 다른 것을 주어 그 고통을 없앨 수 있다고 생각하는지 모른다. 그래서 흔히 충고를 하고, 그만 고통스러워하라고 훈계를 하거나 격려를 한다. 마치 그 사람이 그렇게 하소연하면서 자기의 환심을 사려고 했던 것은 아닌가 생각하는 것이다. 그러기보다는 다른 사람의 고통은 그로서는 줄여볼 수도 없는, 도무지 어떻게 해볼 수 없는 것이라고 인정해버리자. 그가 정말 참고 있다는 것을 믿어보자. 다음번에 가까운 누군가가 당신에게 고통을 호소하면, 이 두 가지 암초만은 피해보자. 과소평가와 훈계. 그에게 완전히 이입하기 위해서는 고통을 직접 보아야 하고, 고통스러워한다는 것이 유일하고도 절대적인 어떤 것임을 알아야 한다.

2

당신이 보호를 받고 있다거나 혜택을 받고 있다는 생각이 들면 당신이 받은 그것을 정의를 위해 전장에 내던질 수 있는가? 이 잉여를 '축적'한다거나 다른 사람보다 '덜' 가질 것을 두려워하기보다 전장에 나가 그 모든 것을 감히 다 잃을 수 있겠는가? 이런 것이 사실 자유로운 인간의 진정한 무훈이다. 잃어버릴 것을 더는 두려워하지 말라. 자신이 집착하고 있는 것의 헛됨을 알기 때문이다. 정의의 연습은 초연해지기 위한 좋은 실전이다.

3

흔히 온정을 주는 것과 자애를 행하는 것을 혼동한다. 하지만 분명 다르다. 하나는 행함에 있어서의 자애로운 활동이고, 하나는 살아감에 있어서의 자애다. 48시간 동안 타자를 판단하지 않는 연습을 해보라. 즉, 당신이 기록하고 오명을 씌운 결점을 가진, 거만한 사람이라는 식으로 판단하지 말라는 것이다. 그가 어려운 상황에 처하면 바로 가서 조용히 도와보아라(가령, 그가 약간 어수룩한 말로 겨우 말하기 시작했을 때). 그다음에는 그로부터 어떤 보답도 돌아올 것이라고 기대하지 말라. 이런 도움에 대해 그가 당신에게 무언가 갚아야 할 것이 있다거나, 당신이 그에게 은혜를 베풀었다거나 하는 생각을 일절 하지 말라. 어떤 뒷생각도 없는 이런 베풂이 중요하다. 연민으로 타자에 자신을 동화해보는 것이 도움이 될 수 있다.

IV 내다보기

살고자 하는 의지를 부정하라

불멸의 종種

쇼펜하우어에 따르면, 우리는 죽을 수 없다(이 장에서 곧 우리의 불멸성을 논의하게 될 것이다). 아니, 그렇다면 좋은 소식 아닌가? 아니면 잘못된 소식인가? 우리는 고통스럽고 부조리한 삶을 연속해서 살도록 선고받지 않았나? 자살로 이런 삶을 모면한다고 하지만 의미 없는 일이다. 왜냐하면 자살한 사람도 나중에 다시 삶으로 귀환하기 때문이다. 자살 행위를 통해서는 아무것도 해결되지 않는다.

죽음에 관한 쇼펜하우어의 철학은 일견 모순적이어 보이는 이중 논리가 있는 듯하다. 죽음에 불안해할 것 없이 가볍게 살 것을 제안하지만 그런 삶은 덜 매력적으로 보이기 때문이다. 죽음에 대한 공포 탓에, 케케묵은 삶이라는 널빤지에 더 달라붙는 것도 사실이다. 죽는다는 두려움에서 벗어나려면 삶에 대한 본능적인 집착부터 버려야 한다. 쇼펜하우어는 우리가 살면서 체험해보면 막상 그렇지 않은데, 죽음을 마치 빠지면 죽을 것 같은 비상구처럼 잔인하고 무서운 것으로 상상해 거기서 뒤로 물러나 있으려

한다는 것이다.

우리는 왜 죽음을 두려워할까? 이 질문에 대한 명쾌한 답은 없는 듯하다. 우리는 죽음 자체보다 죽는 순간을 무서워하는지 모른다. 그다음에 어떻게 될까? 더 살 수 없다면? 세상이 나 없이도 지속된다고? 수세기 동안 철학과 종교는 죽음이 두려운 이유를 밝혀보려고 수많은 논증을 쏟아냈다. 하지만 해결된 것은 하나도 없다. 그 두려움은 우리 창자 저 밑에 늘 잠복해 있다. 종교학자나 철학자 들은 죽음을 두려워하는 것은 정신이 아니라 몸이라고 말한다. 사라진다는 생각만 해도 나오는 외마디 절규! 종교 사상가들은 "두려워 마세요. 그저 당신 몸이 사라질 뿐 영혼은 다시 살아나요"라고 수세기 동안 말해왔다. 하지만, 그 말이 오류인 듯 그 오류만 지속되고 무서움은 조금도 줄어들지 않았다.

앞에서 이미 말했지만, 우리의 몸은 살고자 하는 의지의 구현이다. 살고자 하는 것은 자연스러운 것이지만, 삶에 지나치게 집착하다 보니 불이 꺼지듯 소멸한다는 생각은 도무지 참을 수 없는 것이다. 영혼은 이 소멸에 어떤 반론도 제기할 수 없다. 몸은 원하는 일만 하고, 영혼은 아는 일만 할 뿐이다. 만일 '의지'가 삶에 대한 집착을 양산한다면, '깨달음'은 그 반대를 양산할 수 있다. 즉, 삶의 가치가 거의 없다는 것을 깨달으면 죽음의 두려움에 맞설 수 있지 않을까? 그런데 우리는 이 투쟁에서 지는 사람을, 죽음이 다가오면 완전히 위축되는 사람을, 다시 말해 죽음 앞에 절망하는 사람을 폄하하는 경향이 있다. 키케로는 이렇게 말했다.

> "검투사들의 싸움에서 우리는 살려달라고 애원하는 겁쟁이들한테 증오심을 느낀다. 반면 용기와 결단으로 용감하게 자신을 죽음에 바치는 사람들은 살려주고 싶은 갈망을 느낀다."[1]

인식은 체념하게 해주니, 우리가 관심을 가질 것은 바로 이 인식이다.

우선 훨씬 객관적인 사실을 확인할 필요가 있다. 자연에서는 모든 것이 끊임없이 죽는다. 작은 사고만 나도 무방비면 바로 죽음이다. 가장 복잡한 생명체도 가장 하찮은, 하지만 가장 미세한 바이러스로 한 방에 날아갈 수 있다. 자연이 보기에 죽음은 아무것도 아닌 것 같다.

> "아, 만물의 어머니가 자식들을 어떤 보호 장치 없이 위험천만 한 곳으로 내던져도 별로 걱정하지 않는 것은 아마 안심하는 것이 있어서일 것이다. 그렇게 떨어져도 어차피 자기 품에 떨어지는 것이니 말이

1 *Pro Milone, c. 34*

다. 떨어진 곳이 곧 피난처요, 그런 낙하는 꼭 장난 같기 때문이다."(『의지와 표상으로서의 세계』, 「죽음과 우리 존재의 비파괴성의 관계에 대하여」)

자연은 복잡한 생명 유기체를 성공리에 생산해놓고서도 한 번에 수천씩 희생시킨다. 이렇게 어마어마하게 생명을 탕진한다는 것은 우리 이야기의 대단원이 삶이 아니라는 말인가? 생명을 생산한 행위만 중요하지 생명체는 중요하지 않다는 말일까? 존재 자체는 별 가치가 없는 것일까? 자연을 관찰해 얻는 교훈은 개별성과 특별함을 지닌 생명 존재는 별 의미가 없다는 생의 부조리다.

각 개체가 중요한 것이 아니라면 도대체 무엇이 중요할까? 수천의 생명체들이 허약하고 쓸모없다는 구실로 으깨어지는데도 생명의 근원 자체는 무탈한 것 같다. 길 위의 곤충은 지나가는 사람들 발에 밟혀 죽는다. 아이는 꽃을 따며 논다. 죽음은 노상 낫을 든다(식물과 동물은 여름이 끝나갈 무렵 죽고, 동물과 인간은 몇몇 해를 보낸 끝에 죽는다). 그런데도 식물과 동물과 벌레와 사람은 계속해서 존재하고, '다시 시작'한다. 이 명징한 사실을 마주하면, 불멸성에 대한 직감 같은 것이 솟구친다. 표면만 부단히 움직이고 시간은 탈주하듯 흐르며 수많은 생명이 탄생하고 죽어간다. 파편적 개체들이 끝없이 죽고 다시 생긴다 해도 존재를 가능하게 하는 근원은 건드리지 않는 것이다. 표면상의 현현의 뿌리이자 기원은 결코 접촉할 수 없는 어떤 것이다. 생산을 해낼 뿐 생산에 대해서는 거의 주의를 기울이지 않는다.

쇼펜하우어에 따르면, 개체는 죽지만 종은 사라지지 않는다. 개체의 생산이 그렇듯 개체의 소멸도 종의 본질 자체를 바꿀 수 없다. 우리 자신도 종을 이롭게 한다. 우리가 성적 본능에, 다시 말해 번식 본능에 그토록 공을 들이고 열성을 쏟는 것도 그래서다. 동물적 본능으로 종의 생존을 위해 몇몇 개체의 희생쯤은 어쩔 수 없는 것이다. 개체는 자연에 있어 중요한 가치가 아니다.

우리를 살아남게 하는 것은 무엇일까? 우리의 본질? 우리를 구현하는 이데아? 개체 혹은 개별성을 가진 개인은 환상에 불과하다. 따로 하나의 존재를 구현한다고 믿지만, 이미 앞에서 환기한 대로 '개별화의 원principe d'individualité'으로 양산된 환상이라는 희생물일 뿐이다. 자연은 인심이 좋거나 낭비벽이 있는 사람처럼 원조 하나를 만들고 그 원조를 파생해 수많은 미립자를 만드는데, 이것이 말하자면 개체들이다. 살아가면서 우리는 가능한 한 많은 특수성을 가진 개체들을 만들어 종을 번창하는 데 기여해야 한다. 자기 차례가 되면 또 다른 것들을 생산하면서 건네주어야 할 것을 건네주는 매개체다. 우리의 어떤 것이 유산 혹은 전승을 통해 전해진다.

전승을 위한 매개체 말고 개체는 개체로서도 존재하는 것이 아니다. 창작된 수많은 현상 가운데 또 하나의 덧없는 현상에 불과하다. 자기 소멸 탓에 고통스러운 것 같지만, 사실 이 환상 탓에 고통스러운 것이다. 자기 존재가 그저 죽어가는 것으로 환원되니 말이다. 그런데 우리 실존은 그보다 더 광대한 폭 안에, 영원한 원칙 속에 닻을 내리고 있다. 다시 말해 개체는 지성을 지닌 채 죽는다는 것이다. 몸에 집착하는 의식, 즉 '나'에 집착한 상태인 지성을 띤 채 우리는 죽는다. 생각하고, 추론하고, 이성적 사유를 하며 끝없이 알고자 애쓰는 이 '나'는 그래보았자 죽어갈 운명이다. 지성의 안쪽에는 무엇이 남아 있을까? 바로 '의지'다. 이것은 멸하지 않는 것으로, 살고자 하는 의지는 생명력을 띠고 나의 죽음 이후 또 다른 형태를 만들어낼 것이다. 이 또한 다시 안내되고 이해될 것이다. 또 다른 의식이 수반된 또 다른 살고자 함은 여전히 나일까? 그렇다. 어떤 의미에서는 그렇다. 왜냐하면 다른 '지성 존재'여도 살고자 하는 의지는 같기 때문이다. '살고자 함'은 생명의 원칙이다. 하나의 씨앗은 시간이 흐르며 같은 '열매'를 여러 번 생산할 수 있다. 과일은 씨앗의 표현물이다. 만일 당신이 이 '열매'라면 또 이 씨앗일 수도 있다. 열매가 사라지고, 씨앗이 새로운 열매를 생산하면 당신은 또 이 새 열매일 수 있다. 쇼펜하우어에게 개별성은 이 열매이며 씨앗인 것이다. 생명력처럼 영원히 머물다가 단독의 특이한 의식처럼 사라진다. 따라서 당신은 실제로 구현된 개체인데, 당신의 정수가 무한한 시간 속에서 생산해낸 '모든 개별성'인 것이다.

"아냐, 이건 같은 자의식이 아냐!"라고 소리치며 당신은 이론을 제기할지 모른다. 그러니 그것은 내가 아니라고. 사실 우리를 고통스럽게 하는 것은 이 지성, 이 자의식에의 집착이다. 그 본질과 정체가 생명력이라고 이해하는 만큼 이것은 불가지의 상태로 머문다. 쇼펜하우어에 따르면, 지성에 결착된 자의식만으로 우리 정체성이 이루어지는 것은 아니다. 지성은 신체 기관이 필요로 하는 것을 구할 수 있도록 보조하는 기능만 할 뿐이다. 음식을 찾고, 먹잇감을 쟁취하기 위한 기술을 정교하게 만들어내는 정도다. 주어진 상황에서 생존을 위해 이용할 수 있는 수단을 알고 있는 정도인 것이다. 죽는 데에는 커다란 대가가 없다! 그러니 이런 의식에 우리가 집착할 이유는 없다. 윤회하듯 다시 태어난다면 맥락이 달라지고 생존하기 위한 행동의 동기와 수단 또한 달라질 것이다. 의식은 두뇌 작용에 불과한데, 그 상실을 한탄하는 사람은 꼭 먹이 사냥할 고래가 없다면서 천국에 가지 않겠다고 우기는 그린란드인과 비슷하다.

> "만일 인간이 자기 본성을 완성하는 것을 의식하지 않는다면, 개별성을 상실해도 별 고통 없이 체념하듯 받아들일 것이다. 이런 것에 그토록 집착했던 것에 웃음 지으며 이렇게 말할 것이다. '개별성의 상실을 왜 걱정하나? 내가 내 안에 개별성의 가능성을 수도 없이 갖

고 있는데?'"(『의지와 표상으로서의 세계』, 「죽음과 우리 존재의 비파괴성의 관계에 대하여」)

쇼펜하우어는 '윤회métempsycose'보다는 '순환palingénésie' 개념을 옹호한다. '메탕프시코즈'는 우리가 영혼이라 부르는 것이 다른 몸 안에 들어가는 것이며 전생을 다시 사는 것이다. '팔랭 제네지'는 새로운 존재 형태 아래 개체가 분해되어 재구성되는 것이다. 살고자 하는 의지만이 지속되며 이 존재는 새로운 지성체를 받아들인다.

우리는 죽음을 잠에 비유할 수 있다. 깨어나면, 우리 의지는 새로운 개별적 형태 안에 구현되어 있을 것이다. 의지는 군데군데 잘린 영원성 속에서 무한히 지속된다. 죽음은 수면 상태처럼 그저 감각의 부재일 수 있다. 쇼펜하우어에게 죽음은 변화된 개별성에 불과하다.

"죽음은 개별성의 상실이자 새로운 개별성의 획득이다. 인간에게 죽음은 자기 고유 의지가 배제된 방향에서 작동되는 변화된 개별성이다."(『의지와 표상으로서의 세계』, 「죽음과 우리 존재의 비파괴성의 관계에 대하여」)

죽음 다음에 이어지는 삶은 탄생 이전의 삶처럼 두려워할 이유가 없다. 우리는 우리가 태어나기 이전의 존재에 대한 어떤 무서운 기억도 없다. 그런데 왜, 지금 존재에 이어 나올 존재에 대해서는 그토록 두려움을 갖나? 무서워할 것이 아닌데…….

쇼펜하우어는 다음과 같은 예를 든다. 윙윙거리던 파리가 저녁에 잠이 든다. 이튿날 다시 윙윙거리기 위해서 말이다. 이건 세계를 보는 관점에서도 마찬가지다. 파리가 죽으면 그 알이 다시 태어나고 윙윙거리는 새로운 파리가 된다. 이 두 다른 파리는 정신의 관점에 근거한 것이다. 우리 인식이 사물이나 현상을 구분하듯 말이다. 사물과 현상을 활성화하는 생명력의 관점에서 보자면 이 두 파리는 같은 현실에서 유래했거나 같은 현실을 구현하고 있다. 개체가 다른데도 유일한 것이 있다면 여러 번의 재구현을 거쳐도 사라지지 않고 죽지 않는 그 무엇이다.

그런데 이런 논의를 해보아도 위로가 되지 않는다. 왜냐하면 우리 자리에 다른 사람을 오게 하는 것이 나한테 무슨 의미가 있겠는가? 내가 사라진다는 것이 고통스러운데. 우리 고유성의 소멸, 우리 개별적 존재성의 중단. 이것이야말로 우리를 근심시키는 중대사 아닌가! 바로 여기에 문제가 있다.

잘 생각해보면, 우리가 지금 여기 이렇게 있는 것은 여러 조건과 상황이 형성되면서다. 그러니 나라는 개별성에만 집착하는 것이 좀 우스워 보일 때가 있다. 가령 우리는 18세기에도 살 수 있고, 다가오는 25세기에도 살 수 있다. 그때그때의 삶의 조건에 잘 적응하며 살 것이다. 우리 존재는 이렇듯 생몰연도에만 국한되지 않는다. 우리 부모를 우연히 만날 수도 있다. 요컨대, 우리는 다른 조건과 시대에도 충분히 태어날 수 있고, 거기서도 여전히 우리인 것이다. 우리 정체성은 우연적 창조에만 국한되지 않는다는 것이다. 우리 안에 여러 다른 잠재성이 있다는 것을 직감적으로 알 때가 있다. 다른 상황이 생기면 거기 적응하는 다른 인성들이 나오기도 한다.

> "아마, 각자가, 이따금 자기 깊은 곳에서 지금의 의식과는 전혀 다른 의식을 느낄 때가 있을 것이다. 지금은 모든 게 너무 비참하고, 덧없고, 개별성에만 머물러 초라함과 비탄에 사로잡혀 있는데 말이다. 그래서 죽음이 나를 전혀 다른 존재로 만들어줄 수 있을 것이라고 생각한다."(『소품과 부록』, 「죽음에 의한 우리 존재의 비파괴성 학설에 대하여」)

이런 의식은 우리가 개체 이상이 될 때, 아니면 우리 존재가 개체라는 존재성에만 국한되지 않을 때 가질 수 있다. 우리 존재는 미래에 살게 될 모든 개체들의 씨앗이다. 이미 우리 안에 그 잠재적인 것들이 존재한다. 죽는 것은 영원히 죽지 않고, 생기는 것도 새로운 존재만을 받지 않는다. 우리가 나온 씨앗(혹은 정수)이 영원히 남아 있으니까.

> "나의 탄생 이전에 무한한 시간이 흘렀다. 이 시간 동안 나는 도대체 무엇이었을까? 형이상학은 이것에 답을 줄 수 있다. '나는 항상 나였다. 즉, 나라고 말하는 모든 것, 이 모든 것들이 나였다.'"(『의지와 표상으로서의 세계』, 「죽음과 우리 존재의 비파괴성의 관계에 대하여」)

이와 같은 형이상학적 설명을 통하면 우리는 죽음을 면할 수 없는 자이며 동시에 영원히 죽지 않는 자라는 것이 이해가 된다. 자기 삶이 탄생과 죽음에만 국한된다고 생각하는 사람만이 죽음을 고통스러워한다. 우리는 삶과 죽음이라는 양극단 사이에 매달려 있는 것이 아니라 우리 존재가 하나의 근원에 다시 매어져 있다고 생각해야 한다. 이런 근원이 우리 종의 본질이고 살고자 하는 의지다. 우리는 독립적인 개체가 아니라 소멸하지 않는 어떤 실제의 한 표현이다. 우리는 초월적이고 영원한 원리로부터 유래했다.

물론 이런 말에 전적으로 설득되기 위해서는 우리 전생을 기억할 수 있어야 한다. 그런데 거기에 이르는 사람은 거의 없다(부처는 이에 도달했다). 그래도 그럴 수 있겠다는 비밀스러운 확신 같은 것이 없지는 않다.

쇼펜하우어에 따르면, 시간의 능욕을 당하지 않은 것이 우리 안에 비밀스럽게 있다. 그 구체적 신호라면 어린 시절의 추억이다. 이 추억은 항상 신선하고 싱그럽다. 어른이 된 우리가 한때 우리였던 어린아이를 생각하면 너무 낯설지 않은가? 분명 상황은 바뀌었다. 이성과 명철함, 신중함, 현명함으로 지금의 우리가 되었다. 하지만 우리 어른의 행동에 어린아이의 행동이 그대로 남아 있지 않나? 가끔은 지나친 자신감으로 까불고, 장난을 치며 사람들을 웃기고 싶은 마음이 든다. 어마어마한 위로가 필요할 때도 있고, 요정이 사는 환상 세계를 탐험하고 싶은 마음도 생긴다. 명명하기 너무 어려운 이 '어떤 것'은 우리 개별성의 진원지이기도 하다. 바로 그 지점에서 다시 태어나고, 다른 무엇이 되며, 다시 형성되고 새로워진다. 작가들은 이것을 잘 알고 있어 유년 시절에서 여러 인상이나 감정의 소재를 따와 작품을 쓰고 여러 인물을 창조한다. 자신을 새롭게 할 수 있는 힘은 이미 우리 안에 있다. 시간이 범할 수 없는 그곳에 불멸의 상태로 있는 것이다. 이런 힘 때문에 계속해서 자기 일을 할 수 있고, 개별성이라고는 하지만 망각의 고성소로 떨어졌을 뿐 우리 인생은 미지의 해로 계속해서 쌓여왔다. 전생에 대한 의식을 잃으며 영원히 재생하는 것이다.

유년 시절의 추억이 신선하다면, 이것은 기억의 특질이 아니라 (게다가 어떤 사람은 별다른 기억이 없기도 하다) 어린아이든 어른이든 같은 힘이 우리 안에서 작동하고 있다는 신호다(살고자 하는 의지가 비시간적 영속성을 띠는 지표다). 유년 시절을 만기된 것으로 보는 선적인 시간, 그 이상을 우리는 지금 말하는 것이다.

따라서 이런 성찰에 이를 수 있다. 몸만 아니라 우리 안에서 죽음을 두려워하지만 두려워할 것은 없다. 왜냐하면 살고자 하는 의지는 영원하니까! 우리 안의 일부분은 죽음에 무심하니까! 죽은 것은 다만 정신이고, 죽음에 무심한 우리 일부분은 늘 명철하게 삶을 이끄니까.

한 개체가 영원하기를 바라면 안 되는 것인가? 정신적 측면에서 불멸성의 자격을 갖춘 유일한 개체를 우리가 찾는 것일까? 꼭 그렇지는 않다. 사실 무한히 사는 사람을 본다는 것도 악몽이기는 하다. 한 개체의 성격과 기질은 불변한다고 한 이상, 같은 방식으로 행동하는 것을 계속 보아야 한다. 반복되는 것은 기계적인 느낌을 준다. 조악하고 이기적이며 반복적인 생각을 되씹는 사람들을 참을 수 없는 것도 그래서다. 이런 자들의 악덕이나 사악함, 혐오감 같은 것을 결코 우아하게 볼 수만은 없다. "젊은이들에게 자리를!" 훨씬 생생하고, 창의적이고, 야심차고, 유동적인 것을 보고 싶을 것이다. 궤변을 늘어놓는 늙은이는 스스로 새로워지기 쉽지 않다. 그렇다면 더 생생한 새로움을 선호할 수밖에 없다.

"성찰 중에 이런 물음이 솟구친다. '그렇다면 이 사람들은 다 어디서 왔나? 지금은 어디 있나? 이들을 비롯해 다가올 세대를 모두 가두어놓을 광대한 무의 세계는 도대체 어디 있는 것인가?' 그 진짜 답은? 이런 물음에는 웃음을 지으며 이렇게 대답할 수밖에 없다. 있었고, 있을 실재. 그것 말고 다른 데가 있을까? 현재, 또 그 알맹이 내용 말고 다른 것이 있을까? 외양에 잘 속는 질문자인 네 안에 있는 거야. 네 고유의 존재에 무지한 너는 가을이 되어 노랗게 변해 떨어지는 나뭇잎 같아. 자기 소멸이 너무 슬퍼 울고 있는 나무 이파리 말이야. 새로 초록이 올 거라고, 봄이 되면 다시 옷을 입게 될 거라고 말해도 위로되지 않는 슬픈 낙엽 말이야. 흐느끼면서 넌 이렇게 말하지. '아냐, 그건 내가 아냐. 그건 다른 나뭇잎들이라고.' 오! 몰상식한 나뭇잎! 그러면 어디로 가겠다는 거야? 다른 애들은 어디서 와? 네가 그렇게 무섭다는 심연은, 그 허무는 어디 있다는 거야? 네 고유의 존재를 인식해. 바로 네 안에 그 존재에 대한 갈증이 있는 거야. 내밀하고 신비한 힘 속에, 나무의 활동력 속에 있어. 이건 잎들이 만든 모든 세대 속에도 항상 있어. 나무의 탄생부터 죽음에 이르도록 항상 있어."(『의지와 표상으로서의 세계』, 「죽음과 우리 존재의 비파괴성의 관계에 대하여」)

인간도 이런 나뭇잎들 같다. 우리의 특별하고 개별적인 삶에 너무 매몰되는 것을 그만 멈추어야 한다.

죽음이 삶과 그 고통의 해방이 되지 못한다는 것을 우리는 앞에서 보았다. 하지만 같은 '의지'의 새로운 표현이 나타나기 전인, 일종의 수면 상태라는 것도 보았다. 스스로 목숨을 버림으로써 생으로부터 도망치는 것은 부조리하다. 죽음이 기다리던 것은 이런 무화가 아니라 상태의 변화에 가깝다는 것을 깨닫는 순간 자살의 무용성이 이해된다. 그것은 마치 액체에서 기체가 되듯 최초 상태를 다시 취했다가 다시 태어나는 것과 같다. 죽음은 살고자 하는 의지에 아직 예속되어 있는 상태다. 쇼펜하우어가 삶에 반해 말한 염세주의는 자살을 부추기는 것이 아니다. 자살하거나 살거나, 역설적으로는 같은 것이다. 죽음은 같은 모습으로 다시 태어나기 전의 잠재성에 불과하니까.

자살은 삶에, 자신의 삶에 실망해서 하는 것이라고들 말한다. 아마 자살하는 사람은 자신이 너무나 가치가 있거나 너무나 가치가 없다는 생각을 할 것이다. 아니면 진작 알았다면 더 잘할 수 있을 것이라는 생각을 했을 수 있다. 사실 그는 살고 싶었을 것이다. 하지만 삶으로부터 기인하는 고통은 느끼고 싶지 않았을 것이다. 아마 다른 상황이었다면 더 잘 살 수 있을 것이라고 생각했을 것이다. 하지만 결국 생의 진짜 본성을 이해하지 못한 것이다. 살아서 찾고 싶었던 휴식을 죽음에서 찾은 것밖에 안 된다. 그의 자살 행동 속에서 비록 불행했지만 삶에 대한 사랑을 엿볼 수 있다. 살고자 하는 의지로부터 벗어나지 못한 죄수가 되어, 진정한 구원을 알지 못했기 때문일 수 있다. 쇼펜하우어의 철학은 이것과 다르다. 우리에게 도리어 생의 본성 자체를 깨닫게 했고, 살고자 하는 의지의 본성 자체를 이해시켰다. 우리가 삶에서 기대할 수 있는 것, 특히 희망해서는 안 되는 것이 무엇인지도 이해시켰다. 어떻게 하면 우리를 정말 구원할 수 있는지도. 우선은 무심해지기, 이어 부정하기.

살고자 하는 의지의 부정에 대해서는 다음 장에서 보겠지만, 이것이야말로 자살이라는 무분별한 결정보다 훨씬 신중하고 빈틈없는 결정이다.

쇼펜하우어적 통찰

1

왜 죽고 싶지 않나? 당신의 영혼에 이렇게 묻는다면 당신의 영혼은 싫은 기색을 보일 것이다. 끌이 나기를 원하지 않는 것은 당신의 영혼이 아니라 우선 당신의 몸이라는 것이 느껴지는가?

2

쇼펜하우어는 우리가 영원성을 느낀다고 본다. 이런 이유 때문인지 우리는 일상생활에서 죽음에 대한 개념을 너무 쉽게 잊는다(죽음은 추상적으로 남는다). 영속되기 위해 그러는 사람들처럼 우리는 분주하다. 죽음에 대한 '망각' 속 에서도 죽음을 선고받은 사람처럼 매분마다 죽음을 생각하지 않나? 이 영원성을 환상이라 생각하고, 죽음을 실제로 생각하기보다 그 반대로 생각해보라. 죽음을 환상이라 생각하고 삶은 영원한 자기 용솟음이라고. 당신 안에서 생생한 직감 같은 것이 생기지 않는가?

3

만일 상황이 달랐다면 다르게 구현될 수도 있었을 것 같은 힘이 당신 한가운데서 느껴지나? 가령, 이런 투지는 다른 전투에서도 알 수 있는 것인가? 완전함에 대한 갈망은 가령 다른 절대를 향해(종교, 정치, 예술), 다르게 현실화될 수 있나? 당신 안에 거주하는, 당신의 개별성을 통해서도 고갈되지 않는 이런 힘에서 출발해 다른 개별성이 탄생할 수도 있다는 것을 느끼지 않는가?

쇼펜하우어적 수행

1

당신이 무언가 결여되어 있거나 어리석거나 완벽하지 않다는 것을 알고 나면, 당신이 애써 만들어놓은 잠재적 가능성이라는 틀로부터 벗어날 필요를 느끼지 않나? 거기서 해방되면 당신은 알지 못했지만 당신을 미세하게 공격하고 있던 것을 더 뛰어나게, 더 다르게, 더 강렬하게, 더 위대하게 완성할 수 있을 것 같지 않나? 당신의 힘을 제한하는 것들은 당신의 지성이라는 것을, 그래서 그 지성은 영원하지 않고, 그래서 해체할 필요가 있다는 것을 깨달았는가? 이 '나'는 지금 있는 그대로 지속될 것이라고 가정하지만, 이 가정 자체가 오류일지 모른다. 만일 이것을 이해했다면, 당신은 쇼펜하우어의 직감을 이해한 것이다. 각 개인의 내면 한가운데에 갇혀 있는 모순인데, 원한다는 것이 별 가치가 없다는 것을 알면서도 계속 원하는 것이다.

2

당신이 현실화할 수 없었던 것이나 더 좋은 상황이었다면 가능했을 일을 지금 한번 생각해보라. 그런 계기를 만들어낼 조건은 그것을 해체하고 재구성하는 것일 수 있다. 새로운 작용은 그렇게 일어나지 않나? 당신의 개별성도 같은 방식으로 변화될 수 있다. 이런 가능성은 차라리 희망적이지 않나? 한 세계와 한 개인의 형태를 해체하려면 죽음이 필수불가결할지 모른다. 새로운 날과 상황과 계기가 오면, 그렇게 죽음과 더불어 해체되고 재구성되면서 새로운 것이 탄생한다.

삶과 죽음을 넘어, '니르바나'로

인간은 더는 고통 받고 싶지 않으나 그 고통이 자기 고유의 본성에서 나온다는 것을 여전히 깨닫지 못한다. 몸이 시키는 대로 자연스럽게 본능에 따라 하면 고통은 또 온다. 앞 장에서 부각한 것이 바로 그것이었다.

고통을 내밀하게 체험하고 나면 해방되기 위해서라도 자기 본성에 반하는 결정을 내려야 한다. 삶을 부정하는 것……. 그런데 살고자 하는 의지를 부정하는 것은 우리 현실 세계에서는 다소 말이 되지 않기에 사람들은 신화와 종교와 역사의 상상력을 동원해 이런 부정을 이해하려 했다.

쇼펜하우어는 철학자로서 이런 부정의 필요성을 형이상학적 논리와 논점으로 깨닫게 한다. 쇼펜하우어는 원시적이고 정화된 형태(신비 신학에 가까운)의 기독교 예를 들기도 하고, 이슬람의 신비주의나 수피주의, 특히 불교와 브라만교의 예를 들기도 한다.

그의 글에서 환기된 종교는 신앙 차원이 아니다. 쇼펜하우어는 그 어떤 종교의 일원도 아니고, 새로운 종교의 일원은 더더욱 아니다. 그의 형이상학은 그저 삶과 생명에 대한 경험과 시선에서 나온 것으로, 이전 선조들의 메시지와도 맥이 닿는데, 직감을 통해 우주적 통찰을 하는 것이다.

앞에서 죽음을 다른 생으로 돌아오기 전의 잠재 상태로 보았는데 그런 것이 이른바 영원한 것인가? 시간은 무엇인가? 시간은 영원성의 단순한 상에 불과한가? 우리의 실존은 어쩔 수 없이 시간을 통해서 이해할 수밖에 없다. 모든 것이 소멸하고 파국을 맞고 무화되니 말이다. 시간은 그저 우리가 인식하는 형태이며, 시간으로부터 해방되기 위해서는 영원성 속에 그 시간을 재배치하면 되는가?

쇼펜하우어는 시간을 일직선적인 전진이나 점점 쌓이면서 나아가는 진보 개념으로 보지 않는다. 원처럼 순환한다는 관점을 차라리 선호한다. 봄 여름 가을 겨울의 순환처럼 파괴를 통한 끝없는 재시작.

이런 관점은 너무 차분한가? 차라리 볼테르가 즐겨 썼던 표현이 나을까? 볼테르는 이렇게 말하지 않았나. "우리는 삶을 사랑한다. 하지만 허무는 썩 좋은 것을 남기지 않는다." "나는 영원한 삶이 무엇인지 모른다. 웃긴 소리다."

대안은 우리에게 열려 있다. 죽고 다시 오건, 죽고 니르바나를 기다리건. 지극히 냉소적이고 비판적이고 풍자적인 쇼펜하우어가 종교서를 탐독했다는 것은 조금 놀랍다. 특히 당시 불교에 대해 쓴 글(당시에는 잘 안 알려졌다)을 열심히 읽었으며 수피주의 및 기독교에 대한 글도 열심히 읽었다.

쇼펜하우어는 여러 해 동안 죽음의 주제와 싸우느라 지쳐 죽음이 삶의 적이 아니라는 것을 깨달았을 것이다. 자연이 각 개체의 죽음을 통해 살고자 하는 의지에 던지는 질문으로 이해했을 것이다.

> "'그 정도면 충분하지? 이제 나로부터 벗어나고 싶지?' 우리 각자의 인생 역시나 짧은데 이 문제는 이제 그만하면 됐다. 충분히 반복해서 제기했다."(『의지와 표상으로서의 세계』, 「살고자 하는 의지의 부정론」)

개별적 실존을 문제 삼지 않는 사람들은 죽음의 불운을 괘념치 않는다. 살고자 하는 의지로부터 해방되었으니 말이다.

> "실존하지 않기 위해서 그것이 더 가치가 있다는 것을 우리에게 가르쳐주는 사람 말고 우리 존재에 대해 다른 목표를 정하기는 조금 그렇다. 모든 진실 가운데 가장 중요한 진실이 그것이고, 그것이 표현되어야 할 이유도 거기 있는 것이다."(『의지와 표상으로서의 세계』, 「살고자 하는 의지의 부정론」)

우리 개체의 부단한 재생을 이해하고 나면 이런 결심을 하게 된다. "스톱! 어떤 형태로든 다시 태어나고 싶지 않아." 이런 문장은 내적 체험의 반영임에 틀림없다. "살고자 하지 않는 의지." 그런데 이런 체념으로 우리는 니르바나에 이를 수 있을지 모른다. '니르바나nirvana'라는 용어를 사람들은 지극한 행복이라고 잘못 알고 있는데, 그게 아니라 살고자 하는 의지의 완전한 소멸이다. 가장 중요한 자유 행위이며, 어찌 보면 최상의 지혜다. 왜냐하면 불멸성으로 우리를 위로할 수 있고, 가능한 한 어떤 형태로든 계속해서 살고자 하는, 이 꺼지지 않는 갈증을 영속화하는 이유를 여기서 찾을 수 있기 때문이다. 자신의 불멸을 인식한다는 사실 자체가 실존이라는 형태로부터, 에고라는 형태로부터 초연해지는 첫걸음일 수 있다. 하지만 이것만으로는 아직 진짜 지혜에 도달하지 않았다.

> "마음 꺼려함 없이 죽기, 기꺼이 죽기, 기쁨으로 죽기. 이것은 살고자 하는 의지를 체념하고 그것을 부인하는 자의 특권이다. 왜냐하면 그런 자만이 외양의 죽음이 아니라 실질적인 죽음을 원하기 때문이다."(『의지와 표상으로서의 세계』, 「죽음과 우리 존재의 비파괴성의 관계에 대하여」)

이런 부정과 살고자 하는 의지의 포기를 통해 다른 것을 얻을 수 있다. 이것은 실존 뒤에 감추어져 있는 것으로, 부정적으로밖에는, 그러니까 '허무'라는 용어 말고는 다른 식으로 이 개념을 설명할 수 없다. 우리가 아는 그것이 전혀 아닌 다른 '존재' 형태, '비존재un non-être'라는 말로밖에는 말할 수 없는 것, 알려지지 않은 것, 그러니까 말로는 설명할 수 없는 것이다. 힌두교에서 너무나 어둡고 모호하게 말하는 '브라만의 흡수', 즉 단계적 해소다.

> "내게 있어 세계는 모든 실존의 전적인 가능성으로 완성되지 않는다. 그것은 살고자 하는 의지의 부정으로, 즉 그렇게 부정적으로밖에는 지시하지 못하지만, 아주 넓은 영역으로 남는다."(『의지와 표상으로서의 세계』, 「에피필로조피」)

쇼펜하우어적 수행

1

다음과 같은 체험을 해보라. 불가능하고, 강압적이고, 모순적인 의지라는 괴상한 옷을 입고 있다고 생각하라(가령, 다른 사람은 원하지 않는데 다른 사람이 행복해졌으면 좋겠어서 돕고 싶은 것. 아니면 모든 육체를 성적으로 소유하고 싶은 것). 난관이나 실패의 반복, 끝없는 요구들은 당신을 너무 지치게 만들어 이렇게 소리치게 한다. "스톱! 난 그만 원해!" 만일 당신이 이런 인물에 공감한다면, 살고자 하는 의지를 부정하는 결정을 생각으로라도 한 셈이다.

2

우리는 살고자 하는 의지로 여태 조마조마하며 살았다. 이제 당신이 이미 느낀 적 있는 중요한 고통 속으로 다시 빠져보라. 삶은 쉬지 않고 흐르는 고통과 실망과 헛된 싸움의 격류 같다고 느껴질지 모른다. 그런 감정을 다시 이용해보라. 갑자기 소스라치는 전율이, 어떤 깊은 휴식에의 열망이 생기지 않는가? 아연실색의 비명을 지르듯 당신을 꼼짝 못 하게 만드는 이 물살 같은 그 무엇이 당신에게 꼭 적대적인 것만은 아니라는 것을 깨닫게 되지 않는가? 이어 패배감이나 굴욕감, 당신의 미래나 운명 등에 무심해지는 기분이 들지 않는가?

일어난 모든 것이 정합성 없는 허무 같다는 생각이 들지 않는가? 이런 것을 상상하기에 이르렀다면, 니르바나에 가까운 것을 느낀 것이다.

3

불교의 성인들은 이렇게 말한다. “다음 네 가지를 발견할 수 없는 곳에서 너는 니르바나에 들게 될 것이다. 생, 로, 병, 사.” 흐르는 시간도, 우리 존재의 허약성도 더 이상 우리를 건드리지 못한다. 모든 것이 텅 비었고, 알맹이가 없다. 당신의 개별성으로부터 자유로워지는 명상을 해보라. 당신을 영화 속에 나오는 가공의 인물에 불과하다고 생각해보라. 당신을 건드리는 것은 그 어떤 것도 실재가 아니다. 모든 것은 고안되었다. 모두가 가공이며, 환상이다. 그러니 당신과 관련해서 어떤 것도 심각하게 생각할 것이 없다. 왜냐하면 모든 것이 막 그리자마자 지워도 되는 데 생가의 스케치 같기 때문이다. 이런 자아의 ‘비현실성’이 얼마나 마음을 평온하게 하는가.

고통의 부재 속 진정한 휴식

어떻게 살고자 하는 의지를 소멸시킬 준비를 할 수 있을까? 이 궁극의 체념을? 쇼펜하우어는 일반적인 우리들이 아니라 영웅이나 성인, 그러니까 고통을 이겨낸 것만 아니라(이것은 우리들 영역이기도 하다) 니르바나를, 즉 진정한 휴식에 이른 자들을 환기한다. 이들의 발자취를 따라가며 이들이 주는 가르침을 조금이라도 전해 받자.

> "불평하고 하소연하는 것만으로는 충분히 체념할 수 없는 것이, 그것은 천국도 지상도 다 잃는 것이기 때문이다. 그건 눈물이 나 질질 짜는 감상 타령에 불과하다. 해방에 이르고자 한다면, 존중을 받고자 한다면, 고통이 순수 인식의 형태를 띠어야 한다. 의지를 잠자코 있게 하는 체념에 이르러야 한다."(『의지와 표상으로서의 세계』, 「의지는 긍정되고 이어 부정된다」)

관건은 살고자 함의 형태를 띤 모든 것을 억누르는 것이다. 고통의 부재 속에서야 비로소 휴식이 가능하다. 고통을 맞아 고통을 거부하면 명철함에 이르지 못하고, 도리어 이런 인식은 우리의 개별적 실존 의지까지 잡아먹게 된다. '의지'가 자기 자신을 잡아먹어 스스로 사라지게 해야 한다. 그래야 욕망에서 두려움으로, 기쁨에서 고통으로 가지 않는다. 삶이 악몽이 되게 만드는 '결코 굴복하지 않고, 결코 꺼지지 않는 희망' 대신에 '대양 같은 고요한 상태'에, 지극히 깊은 휴식과 차분하고 흔들리지 않는 안전함에 이르려면 말이다.

> "우리는 자신 속으로 다시 들어가 자신을 알아보고 또 세계를 다시 알아보는 한 사람을 보게 될까. 머리부터 발끝까지 완전히 변신해 자신 위로, 그 모든 종류의 고통 위로 온몸이 비상하여 마치 고통으로 정화되고 성화되는 것 같은 사람. 고요함과 지극한 행복과 그 무엇도 흔들어놓을 수 없는 고매한 정신과 그토록 격정적으로 욕망해 마지아니하던 모든 것을 포기하고, 죽음을 기쁨으로 맞이하는 사람. 그토록 전력을 다해 싸우며 수많은 단계와 수준의 우울함과 침울함을 모두 겪어낸 후, 이제는 기꺼이 그 절망에 자신을 내던질 준비가 된 사람. 쇠붙이에 불꽃이 튀며 정련되듯, 고통을 정화하는 불꽃이 일며 마치 환부를 파괴하는 요법처럼 의지를 불태워 없애며, 마침내 해방에 이르는 사람."(『의지와 표상으로서의 세계』, 「의지는 긍정되고 이어 부정된다」)

개별적 실존을 그만 산다는 것은 모든 것을 아우르는 깊은 단일성을 이해한다는 의미다. 존재하며 살아가는 모든 것은 '살고자 함'이라는 같은 뿌리를 가지고 있다. 당신과 나는 다른 무한한 것들 가운데 하나에 불과하다. 우리 각자는 이 모든 것을 지니고 있다. 이런 게 신비한 의식이다. 쇼펜하우어에 따르면 이런 의식은 신을 체험하는 것이 아니라 자기 고유의 정체를 만물의 정체와 더불어 또는 세계의 정수와 더불어 인식하는 것이다.

(이슬람의 수피주의든 불교나 기독교든) 어떤 복종을 행하는 신비주의자는 자기가 자기 것이 아니라는 것을 안다. 자기 존재의 뿌리는 생명을 통해 다른 모든 피조물들과 다른 모든 표현물들의 뿌리와 합류한다는 것을 안다. 자신이 사라지면, 자신이 사용했던 생명력은 다른 데서 거의 비슷한 형태로 재조직되고 재배치될 것이다. 한 나무의 여러 이파리가 같은 수액으로 사는 것처럼 말이다. 이 나뭇잎들은 서로 다르면서 동일하며 서로를 대체할 수 있다. 다가올 세대의 원리를 이미 그 안에 내포하고 있는 것이다.

우리 개별적 실존의 포기는 이처럼 이루어진다. 고통과 악의 원인인 '나'를, '내 것'을 부정함으로써 이루어진다. 아담이 낙원에서 추방된 것은 '나'를 행하고, '내 것'을 행하고, '내게'를 행하기 시작해서였을 것이라고도 한다.

"우리의 진짜 자아는 우리 고유의 인격과 우리라는 현상에 머물지 않고 사는 모든 것에 머문다. 그래야 심장이 더 커진다. 에고이즘은 심장을 다시 조이는 것이다. 사실상 우리 모든 이기심은 단 하나의 현상, 즉 우리 개체성에 집중된다. 지성은 우리에게 셀 수도 없이 많은 위험의 상들을 제시하고, 끝없이 이런 현상을 위협한다. 불안과 걱정은 우리 기질을 지배한다. 반대로, 우리 고유의 인격이 아니라 살아가는 것 모두에 우리 존재가 있다는 것을 깨달으면 우리의 관심과 이기성은 모든 생물체로 확대되고, 우리 심장은 그만큼 더 커져 있다. (……) 조용하고, 근심 없는 차분함은 미덕과 양심을 지닌다."(『의지와 표상으로서의 세계』, 「의지는 긍정되고 이어 부정된다」)

부처는 이것을 "탓 트밤 아시Tat twam asi"라고 했다. "너는 이것이고 너는 모든 것이다." 이렇게 해야 바로 자아가 포기되고, 만물에 자아를 이입하여 부처의 니르바나에 이르게 된다.

브라만교에서는 입문자들에게 이 신비한 "옴/오움Oum"을 발음하게 한다. 이를 반복하면서 외부 사물에 자신을 이입한다. 이런 체험으로 표상과 사고를 무화하는데, 이것이 바로 니르바나에 들어가는 길이다.

"베다와 우파니샤드[1]가 여러 다양한 형태로 반복해서 말하는 감정

1 우파니샤드는 베다교(초기 바라만교)가 기원인 인도 경전의 일부다. 쇼펜하우어는 이 문장을 우파니샤드 1권에서 인용한다. 1801년 앙크티뒤페롱에 의해 편집된 우파니샤드 라틴본 참조.

적 인식이 바로 이것이다. 특히 이런 문장을 보라. (……) 이 모든 피조물은 그 전체성 속에서 나이다. 나 밖에 다른 존재는 없다. 우리 고유의 개별성을 초월하면 황홀경에 빠진다."(『의지와 표상으로서의 세계』, 「표상과 이성이라는 원칙」)

개별적 의식을 소멸하게 하는 명상을 통해 휴식의 길이 열린다. 흔히 우리 자신이 우리의 적이다. 대상 없는 생각들, 현실성 없는 고통에 짓눌려 우리는 이유 없이 자신을 괴롭힌다. 우리 내부를 갉아먹는 심리적 억압 기제나 나쁜 에너지는 가끔 있을 뿐이다. 대부분 스스로 정화할 수 있나. 명상이 하나의 방법이다.

이제 아마 우리는 성스러움의 마지막 단계라 할, 가난의 서약을 드릴 수 있을 것이다. 부처는 제자들에게 이렇게 말했다. "거지가 되어라." 혹여 이런 단계에 이르지 못한다 해도, 적어도 지혜를 얻어 충만한 감정을 느낄 수는 있을 것이다.

고행은 자기 고유의 의지를 누르고 금욕하는 것이다. 금욕은 '의지'가 좋아할 일을 전혀 하지 않는 것이다. 도리어 '의지'가 싫어할 일을 하는 것이다. 고해와 회개로 스스로에게 고통을 주는 것이기도 하다. 이런 고통을 수락하는 단계에 이르기 위해서는 스스로 많은 고통을 감내해야 한다. 더는 바라지 않는 체념에 이르러야 하는 것이다. 이 체념은 성인이 되기 위한 일종의 개종에 버금

가는 혁신이다.

"고행과 체념에 이르기 위한 모든 고통은 그 자체로 정화의 미덕을 지니고 있다."(『의지와 표상으로서의 세계』, 「의지는 긍정되고 이어 부정된다」)

고행자는 고통 받는 것을 더 이상 두려워하지 않는다. 반대로 역경을 기쁘게 받아들일 줄 안다.

"외부에서 온 모든 고통은 우연히 생긴 일이거나 타자의 악의로 인한 것인데, 이 고통을 그는 환영한다. 모욕이나 공격, 모든 종류의 유감스러운 일에 대해서도 마찬가지다. 이 모든 것들을 기쁨으로 받아들인다. 자신에게 항복하는 계기를 거기서 발견하며, 이제는 자신의 의지를 더 이상 긍정하고 확언하지 않는다는 것이 그 증거다. (……) 인내심과 한없는 부드러움으로 이 고통과 상처를 참아낸다. 드러내 보임 없이 악을 선으로 만든다. 자기 안에서 욕망의 불도, 분노의 불도 붙이지 않는다."(『의지와 표상으로서의 세계』, 「의지는 긍정되고 이어 부정된다」)

고행의 첫 번째 양상은 정절이다. 그러니까 모든 성행위의 거부다. 쇼펜하우어의 눈에는 이 정절이 필요한 이유가 두 가지 있다.

우리는 이 책 앞부분에서 모든 성행위가 실은 출산을 위한 목표 때문에 생긴다고 했다. 그렇다면 인류를 고통에서 해방하려면 자손을 그만 번식시켜야 한다. 정절은 그러니까, 우리 안에서 자연이 명하는 바라고 생각하면 일종의 해방인 것이다.

두 번째 이유는 성 아우구스티누스의 글에서 가져오는데, 쇼펜하우어가 읽은 것은 이것 같다. 살덩어리는 색욕이라는 것이다. 색욕은 달리 말해 무엇인가? 탐욕이다. 색욕은 단 하나의 대상에만 집중할까? 생을 위해 단 하나의 몸과 단 하나의 영혼하고만 결합하고자 할까? 그것은 조금 지루할 것 같다. 소유하려고 착수한 대상에 대해 다 안다고 생각할 때쯤이면 벌써 지루해질 것이다. 또 다른 정복이 있어야 전율이 일 것이다. 또 다른 도전이 있어야 흥분이 일 것이다. 어떻게 하나의 몸을 발견하는 기쁨 속에서 다른 몸을 탐할 수 있을까? 비교를 통하면 그 앎이 더 정제되나? 색욕에 빠지면 치명적인 탐욕 대상들이 여러 개 던져진다. 1965년 출간된 이후 지금까지 베스트셀러인 스티븐 비진체이의 『연상의 여인에 대한 찬양』에 보면 한 젊은 남자가 유독 자기보다 나이 많은 여자에 빠지는 심리가 잘 묘사되어 있다. 욕망의 깊은 부정성을 즐긴다. 몸과 영혼에 대한 탐식으로 이 젊은 남자는 이 여자 저 여자 찾아간다. 입문을 마친 젊은이는 의식이 진행됨에 따라 더 많은 여자들을 만나고, 이렇게 흥미로운 3부작이 구성된다. 끝도 만족도 모르는 돈 후안 같다. 소유한 후에 오는 텅 빈 느낌 때문에 몹시 피로하고 부조리한 요구에 또다시 굴복한다. 그렇다면 색욕으로부터 벗어나는 편이 나을 것이다.

가난의 서약은 이런 고행의 또 다른 측면이다. 물질에 대한 소유욕 또한 색욕과도 같은 원리라 이에 초연할 필요가 있다. 물질을 탐하는 즐거움 또한 환각이다. 포기하는 편이 낫고, 소박한 편이 낫다. 여러 다른 종교에서도 부에 대해 이리 선언하니 더 말할 필요가 없다. 색욕과 물욕에서도 다 암초를 만나는 것이다. 소유한 것에 대해 얼마나 불안해하는가? 재산을 소유한 즉시 잃어버릴까 봐 얼마나 전전긍긍하는가? 덜 가지면 덜 두렵다. 걸칠 옷을 달라고 요구하는 것보다 걸칠 옷을 주는 기독교의 가르침을 쇼펜하우어는 인용하기도 한다. 무소유. 왜냐하면 그는 나이고, 나는 그이기 때문이다. 진정한 부는 물질적인 것에 있지 않다. 옷이 뭐가 중요한가!

가난과 정절의 서약은 영혼이 고요하도록 만족할 줄 모르는 욕망을 포기하겠다는 것이다.

'키에티슴quiétisme',[2] 이른바 '정적주의'는 모든 순수 의지의 포기라 정의된다. '의지'가 욕망에 진다면, 욕망을 포기해야 할 필요성을

2 이 용어는 '조용한' '평온한' 등의 뜻을 지닌 라틴어 'quietus'에서 파생되었다. 키에티슴('정적주의' 정도로 번역한다. – 옮긴이)은 미구엘 드 몰리노스가 만든 17세기 기독교 신비교리의 하나다. 순수 관조로 완전한 수동 상태에 이르러 심신을 완벽히 정하게 하는 기술이다.

절감하게 되는데, 여기서 말하는 키에티슴은 한 차원 더 나아간다. 원하는 것을 포기하면 정확히 무엇이 포기되는가?

전능한 무의식적 욕망이 포기된다. '의지'는 자기 긍정을 전제한다. 자기 자신을 긍정하고 확신한다는 것은 세계 질서를 자신의 의향대로 구부릴 수 있다고 믿는 것이다. 바로 여기서 전능한 망상이 시작된다. '의지'란 무분별하다. 자기가 모든 것일 수 있다고 생각하기 때문이다. 이 '의지'의 표명인 개체는 모든 것을 원하므로 자기 개별성에는 이롭다. 달리 어찌하겠는가?

> "어떤 유형의 것에서든 자기가 처한 한계에서도, 자기 자신을 느끼는 것이 가능하다면 평온 상태에 있는 것이 가능하다. 왜냐하면 밖에 있듯 안에 있는 것이기 때문이다. 불가피하게 일어나는 것을 있는 그대로 명증하게 보는 것, 이것보다 확실한 위안은 없다. (……) 우리에게 나타나는 모든 일들을 강력한 운명을 그대로 받아쓰듯 받아들이는 것이다. 우리를 강타한 모든 고통과 악은 밖에서 온 사건들과 우리 내면의 만남으로 생기는 불가피한 효과 그 이상은 아니기 때문이다. 차라리 우리를 위로하는 것은 숙명론이다."(『의지와 표상으로서의 세계』, 「의지는 긍정되고 이어 부정된다」)

그런데 이런 성찰은 이미 나온 옛날 것 같다. 스토아철학자들이 자기에 달린 일과 자기에 달리지 않은 일을 이미 구분해놓았기 때문이다. 세계에서 일어나는 사건들 모두 자연스러운 재앙, 아니면 무장이 된 개입 정도로 볼 수 있다. 무슨 말인가 하면, 외부에서 벌어지는 사건만 아니라 몸에서 생기는 병이나 다른 사람이 우리에 대해 갖는 견해나 의견 따위도 운명이나 숙명일 수 있기 때문이다. 자기에 달린 일과 자기에 달리지 않은 일을 구분하면 어떤 대상이나 사건을 갈망하는 실수를 범하지 않게 된다. 만족할 수 없으면 실망하고 낙담하는데, 사실 다 나를 떠난 일일 수 있다. 특히, 가장 이로운 것은 사람들의 이런저런 견해에 초연할 수 있다는 것이다. 좋은 것이든 나쁜 것이든 우리에게 벌어진 일은 그만 한 이유가 있다. 우리는 노력을 하면 우리에게 보상이 오고 노력을 하지 않으면 우리를 벌한다고 생각한다. 또 어떤 일을 당하면 내가 왜 이런 일을 당해야 하는가 생각한다. 특히나 불행한 일을 당하면.

가령, 당신의 사장이 당신을 좋게 평가하면 그것은 당신에게 달린 일이 아니다. 물론 당신이 일을 잘해서, 아주 성실하고 믿을 만하며 통찰력 있는 사고를 해서 그런 것이라고 외치고 싶겠지만, 이것은 사장이 당신을 좋게 판단하는 데 몇 가지 영감을 준 요소밖에 되지 않는다. 이를테면 이보다 확실한 것이 없다. 사장이 당신 자질을 보지 못하는 둔한 정신의 소유자일 수도 있다. 사장은 당신이 당신 스스로를 그렇게 생각하는 데서 어떤 무례함을 볼 수도 있고 아니면 반대로 말 잘 듣는 온순함을 볼 수도 있다. 좋은 평가를 받기 위해 당신이 기울이는 노력이 사장의 견해에 아무런 영향을 주지 않을 수도 있다. 당신의 능력 바깥에 있는 전혀 다른 외부 요소가 작용할 수 있다는 것이다. 예를 들면 타자에 대한 교활한 심리나 기분, 무의식적 인상, 여러 연상되는 생각 등. 다른 사람이 당신에 대해 갖는 견해는 당신에 달린 것이 아니고, 특히나 당신의 개인적 자질에 달린 것이 아닐 수 있으니 자기 자질에 대한 견해를 스스로 너무 갖지 말기를. 그리고 그것에 너무 몰두하지 말기를.

우리에게 영향을 주는 사건들 대부분은 우리와 관련이 없다. 고용 시장, 기후, 이로운 혹은 해로운 만남들. 따라서 우리는 그것을 그저 받아들여야 한다. 마치 신적인 힘으로 그렇게 되었다는 듯이. 키에티슴은 이런 연습을 해보면서 시작된다. 우리에 달린 것이 아닌 것을 원하지 말라. 분노 없이, 상처 없이 우리에게 시련처럼 보내진 것을 그대로 맞으라.

그런데 우리가 사는 사회는 우리를 다르게 생각하도록 암암리에 종용한다. 도처에서 망상을 부추긴다. 한 개인의 성공한 인생은 그 사람의 장점이나 주도성, 의지와 행동에 있다고 생각한다. 예로부터 종교는 허용과 금기라는 두 질서 체계를 만들었다. 금기를 위반하면 죄책감이 느껴진다. 현재에는 이런 질서 체계가 훨씬 모호해졌다. 그런데 금기가 효과적인 개별 전략이 될 수 있다. 죄책감 속에서 잃어버린 것을 결함과 부족의 감정 속에서 다시 찾지 않나? 능력이나 계략, 통찰력, 대담함 등이 부족해 우리는 원하는 것을 얻지 못할 수 있다. 아프면 벌을 받는 것 같은 기분이 들 때도 있다. 하지만 달리 생각해보면 병을 주어 우리를 미리 조심시키는 것이다. 어떤 부러운 위치에 올라가는 것이 우리 자신에게 달린 일이라고 주변에서 세이렌들이 속삭여대면 우리 자신의 조악한 운명이 더 싫어질 것이다. 그런데 이런 생각은 괜히 불행만 야기한다. 나는 왠지 틀린 것 같고, 무능한 것 같고, 항상 기대치 아래인 것 같은 기분에 휩싸일 수 있다. 사회학자인 알랭 에랭베르는 『자기피로』[3]라는 책에서 이런 감정을 성과주의에 경도되어 있는 사회에서 개인이 받아야 하는 일종의 스트레스라고 말한다.

자기 긍정과 확신이 갖는 이점은 이것으로 지불해야 할 대가에 비해 작다. 만일 자기 긍정과 확신에 어떤 위해함이 있는지 안다면, 차라리 자기 고유의 개별성을 포기하는 것이 나을 것이다. 대신 안심과 평온이라는 중요한 이점이 생기지 않나. 의지주의를 강요하지 말자. 의지주의를 포기하자. 진정한 휴식을 위해 키에티슴, 그러니까 정적주의와 소극주의, 일종의 형세관망주의를 실천해보자.

---

3 Alain Ehrenberg, *La fatigue d'être soi*, Odile Jacob, 2008.

쇼펜하우어적 수행

1

당신을 고통스럽게 하는 것이 있는가? 고통의 원인이 당신한테 달린 것인가? 당신 행위와 동기, 자질과 관련되어 있나? 그것이 아니라면 차라리 깊은 안도감이 생기지 않나?

2

별로 갖지 않고 살 수 있다고 생각해보라. 사실 갖고 싶은 물건들 대부분은 불필요하지 않나? 새로운 것을 꼭 더 가져야 하나? 이런 금욕이 내면에 평화를 주지 않나?

3

어떤 상황(만남이나 회의)이 스트레스의 원인일 때 구체적으로 무엇이 스트레스를 주는가? 잘하고 싶고, 최고 자리에 있고 싶은 데서 오는 압박감 아닌가? 왜냐하면 당신은 그런 일을 당신이 잘되기 위해 거쳐야 하는 시련으로 생각하기 때문이다. 삶이 꼭 전투적인 행군일 필요는 없다. 스트레스를 받는 상황이 생기면, 아무것도 기대하지 말아보라. 성공하려고 애쓰는 에너지는 결국 씁쓸한 맛을 남길 뿐이다. 그런 에너지 비용이 그 일을 통해 얻는 이득이나 매력보다 더 클 수 있다. 조용히, 가만히 있어보라. 놓친 것, 불충분한 것의 목록을 작성해보라. “이건 어차피 못 할 거야.” 이런 생각이 차라리 지혜롭다. 기대와 기다림을 지우고, 마음에 들어야 한다는 의무감을 잠재운다. 완전한 실패를 피하고자 하는 의지가 도리어 스트레스의 원인이기 때문이다. 벌어질 일을 그대로 수용하는 것이 낫다. 어떤 상황에서든 항상 내가 빛나야 한다는 생각을 버려라.

4

고통스러운 생각들이 밀물처럼 들어오면 잠시 생각을 멈추고 그 고통스러운 생각들을 정면으로 마주하라. 현명한 스승이 혼란스러워하는 제자를 마주하듯 말이다. 당신을 상처 주는 것이 정확히 무엇인지 파악하라. 그리고 그것이 당신에게 어떤 영향도 미치지 않을 ‘무의미한 것’ ‘아무것도 아닌 것’이라고 생각하라. 일단 그것이 알맹이가 없다는 것을 인식하고 나면, 당신의 잡념이 사라질 때까지 이성을 지켜라. 명상의 진정한 효과를 맛보라.

5

우리는 지나치게 활동하면서 관조의 좋은 점을 잠시 잊는다. 잠시 활동을 멈추고 햇볕 한 줌을 즐기자. 햇살에 얼굴을 내밀자. 햇살의 따스함이 피부에 그대로 느껴지지 않나. 당신의 의식이 흩어져 퍼지는 의식이 되도록 하라. 의식은 점차 퍼지고 흐려지면서 전체가 된다. 이것이 진정한 평화의 원천이다. 이런 순간을 여러 차례 만들라.

6

흔히 우리는 여러 일들을 우리가 스스로 요구해서 행한다고 생각한다. 우리가 원해서 일을 조직하고 가야 할 방향을 정한다고 믿는다. 회의나 만남 또는 예견되지 않은 일들이 생기면 의지대로 곧바로 어떤 사안을 만들지 말고, 눈앞에서 일이 벌어지는 대로 그냥 놔두어라. 내적인 고요를 유지하라. 당신에게 요구되는 것(말, 손길)을 하지 말라. 전체에 방향도 주지 말라. 키에티슴을 경험하라. 에너지를 비축하면 깊은 샘이 차오르는 것 같지 않나?

쇼펜하우어의 행복 철학, 목적 '있는' 삶의 의지에서 목적 '없는' 삶의 의지로

> "고통이여, 괴로움이여 와라. 마치 밸러스트가 배를 무겁게 하지만 반드시 배에 밸러스트를 쌓아야 배가 전복하지 않고 정해진 항로를 가듯, 보다 우월한 초월 의지를 자기 내부에서 발휘하기 위해서는 그래, 그것이 있어야만 한다."(쇼펜하우어)

쇼펜하우어의 이 문장에서 주제어(키워드)는 무엇일까? '고통'일까? '의지'일까? 여러분이 이 책을 다 읽고 난 후 쇼펜하우어 철학의 핵심을 관통했다면, "아니요, '밸러스트'가 키워드겠지요" 하고 대답해야 마땅할 것이다. "인생은 고통이다" "세상은 진열된 고통이다" 같은 쇼펜하우어의 염세적 문장과 어록이 주로 인용되고 필사되지만, 쇼펜하우어는 단순히 자조적이고 체념적이며 삐뚤어진 시선으로 누구나 다 아는 인생 고苦를 불평하고 하소연하는 자가 아니다. 인식의 대전환이라는 극약 처방을 통해 고통을 치료하는 자다. 쇼펜하우어의 철학은 '읽는' 철학이나 '아는' 철학이 아니라 '하는' 철학, '행하는' 철학이다.

밸러스트Ballast의 정의를 보자. "선박에서 적당한 복원성을 유지하고 흘수(배가 물 위에 떠 있을 때, 물에 잠겨 있는 부분의 깊이)와 트림(선박이 외부의 힘을 받아 이루는 이물과 고물의 흘수 차)을 조절하기 위해 배의 하부에 싣는 중량물." 이른바 무게를 주면서 중심을 잡기 위해 바닥에 놓는 짐 또는 물건을 가리킨다. 그렇다면, 우리 인생에 짐 같은 고통이 없다면, 도리어 중심을 잡지 못하고 쓰러질 수 있다는 아이러니가 성립한다. 그러나 고통은 얼마나 감당하기 힘든 것인가! 찢어질 것 같은 근육의 고통이 있을 때에만 근육이 생성되는 원리처럼(다른 방도가 실제로 없다), 고통은 필수불가결하다. 쇼펜하우어식이라면 고통은 배의 하부에 싣는 중량물이므로, 이 무게를 어떻게 관리하느냐에 따라 우리 인생의 항로가 정해질 것이다. 배의 흘수처럼 자체적인 내적 무게감과 때론 심연과도 같은 어두운 깊이, 그리고 배의 트림처럼 외부의 자극에 저항하는 내재적 역량이 있어야 그나마 무사한 항해가 될 것이다.

더욱더 고통을 느낄 일이 많아진 시대여서일까. 철학이 아닌 반反철학이 오히려 병의 처방 효과가 좋아서일까? 왜 다시 쇼펜하우어인가? 아니, 왜 다시 스피노자, 쇼펜하우어, 니체, 비트겐슈타인 같은 직언적이고 직설적이며, 자극적인 반철학이 우리를 사로잡는가. 알랭 바디우는 반철학자를 "옹색한 사람, 복습 교사, 문법 지식을 자랑하는 현학자, 혹은 학교나 성당을 지키는 경건한 문지기가 되지 않기 위해 애쓰는 사람"이라고 정의한 바 있다.

'고통'에 대해 말하다 보니, 내 인생에서 가장 고통스러웠던 몇몇 순간이 떠오른다. 그 가운데 하나. 유학 시절 박사논문을 쓰던 시기, 마감 기한의 선線이 마치 나를 향해 엄습하는 죽음의 지평선처럼 질식시키고 압박하던 시기, 나는 거의 잠을 자지 못하고 심한 불면증을 앓았다. 파리 뇌이이 쉬르 센에 있던 바가텔 공원을 마리 크리스틴과 함께 걸으며 나는 고통을 호소했다. 그런데 그녀가 무심코 내게 던진 문장 하나가, 그것도 그 문장 사이에 차갑고 영민하게 박힌 두 개의 단어가 키워드처럼, 그러니까 해결의 열쇠 말처럼 단번에 내 머리와 심장에 꽂혔다. 그 후 내 불면증은 말끔히 사라졌다. 그녀의 문장은 단순했다.

"그건(글쓰기 또는 논문 쓰기) '의지volonté'로 하는 게 아냐. '조건condition'이 만들어질 때 되는 거야."

프랑스인들에게 'volonté'는 상당히 난해하고도 수상쩍은 단어이다. '원하다vouloir'에서 파생된 이 '의지'는 장 자크 루소를 필두로 그들의 철학을 발전시키기 위한 중요한 키워드였지만, 마르셀 프루스트에 와서는 이 의지가 확연히 부정당한다. 우리는 프루스트의 그 유명한 '무의지적involontaire' 기억이라는 말을 안다. 기억조차 실은 의지적 행위이며, 그래서 '에고'라는 올가미를 잘 용해시키지 못한다. '의지'는 우리의 행위를 출발시키는 도약 선線이 될 수 있지만, 동시에 우리의 행위를 지속시키지 못하는 제약 또는 구속 선線이 될 수 있다.

쇼펜하우어는 '의지'를 둘로 구분한다. 목적 '있는' 삶의 의지와 목적 '없는' 삶의 의지. 즉, 내가 불면에 시달리며 고통 받았던 것은 전자의 '의지' 때문이었으며, 이 '의지'를 버리고 내 주어진 삶과 조건 자체를 하나의 생 자체로, 즉 자력自力으로 생존하는 물物 자체로 인식함으로써 나는 후자의 목적 '없는' 삶의 의지를 가상假想하고 확신하기에 이르렀다.

다시 말해, 쇼펜하우어의 철학이 극약 처방이 될 수 있으려면, 더 좋다는 신약新藥을 찾아 떠날 것이 아니라, 자리 이동 하나 없이 눈앞의 똑같은 대상을, 똑같은 사실을, 똑같은 외양을 보면서 전혀 다르게 보는 인식의 대전환이 필요하다. 일찍이 『신심명』을 쓴 승찬대사僧璨大師는 불이不二의 세계를 부정하며, 지극한 도는 그렇게 어렵지 않으니 "다만, 가려서 선택하지 말라"고 했다. 나병癩病을 앓아 온몸과 온 정신이 고통 그 자체였던 승찬대사는 그 고통이 고통 자체에서 온다기보다 '고통 있음'과 '고통 없음'을 나누는 분별심, 더 나아가 '고통 없음'을 목표로, 의지로 희구하는 데서 온다는 것을 깨달았다. 그리고 이를 득도한 순간, 그 고통이 기적처럼 사라졌다.

쇼펜하우어의 '의지'는 물物 자체며, 살고자 하는 행위의 표현들 자체이다. 그 '의지'는 내 앞의 지평선을 바라보거나 고개를 들어 더 높은 곳, 욕망이 외양적으로 실현되는 더 행복한 세상을 바라볼 때 보이는 것이 아니라, 도리어 고개를 숙일 때, 그리고 내 몸 자체를 들여다볼 때 보인다. 내 '몸'은 가시적인 내 '의지'와 다르지 않다. 따라서 '의지'가 먼저 와 있다. '의지'가 행위보다 선행한다. 번식하고 싶으므로 사랑한다? 살고 싶으므로 우리 몸 안에 있는 수많은 독소와 바이러스, 병원균과 싸운다? 우리 몸 자체는 이미 생과 사의 전쟁터로, 관념 속 지성과 의지로 내 생명을 존속시키는 것이 아니라, 내 몸 자체가 한다. 식물이 성장하고 싶어 담장을 기어 오르고 포석 사이를 뚫고 나가는 것처럼, 인간은 아무리 죽고 싶다고 같은 말을 되뇌어도 자신의 몸 자체는 성장하고 싶어 하고, 발전하고 싶어 한다. 이미 그렇게 '프로그래밍'되어 있다.

고통을 벗어나고 싶다면 고통의 원인을 찾아 해결하는 것이 급선무일 텐데, 가령 이런 식으로 해볼 수 있을 것이다. 구름을 보되, 그 외양과 윤곽선을 보지 말고 그 속성을 본다. 꽃을 보되, 그 외양과 윤곽선을 보지 말고 그 속성을 본다. '나쁜' 식물학자는 꽃의 외양을 본다면, '좋은' 식물학자는 꽃의 구조와 속성, 물 자체를 본다. 그래서 '좋은' 식물학자는 구름에서도 꽃을 보고, 파도에서도 꽃을 본다. 오브제의 내적 구조를 추출하는 순간, 만물은 그 모든 것이 '다른 같은 것'이 된다. 감각들(프랑스어로는 복수의 sens)의 총화와 그 총화성 속의 자리바꿈, 또는 그에 따른 변형과 변신으로 어느 찰나적 순간 응축되는 것만이 의미(프랑스어로는 단수의 sens)다. 그래서 의미는 먼저 제시되는 법이 없다. 삶이 의미가 있기에 사는 것이 아니라, 살았기에 의미가 파생될 뿐이다. 의미는 이런 맥락에서 궁극적인 정제이자 압축이고, 그래서 우리에게 그토록 놀랍게 '표상'되는지 모른다.

쇼펜하우어는, 세계는 "나의 표상meine Vorstellung"이라고 말했다. 우리 앞의 '대상'은 "나의 표상"일 때만 의미를 갖는다고 차라리 인정해버리면, 나로써 또 다른 나를 찾는 다소 병적이나 기묘한 행복이 찾아온다. 실상, 인간이 아무리 태양이나 땅을 매일같이 보며 산다 해도, 태양과 땅을 완전하고도 확실하게 알게 되는 날은 요원하다. 쇼펜하우어는, 우리는 그저 "태양을 보는 눈과 땅을 느끼는 '손'을 갖게 되는 것이라고" 말한다. 바늘이 움직인다는 사실 자체가 중요한 것이 아니라, 바늘이 움직인다는 느낌을 받았으므로 바늘이 움직인다는 사실 자체가 우리에게는 더욱 중요하다. 아니, 그렇게 착각하고 사는 생만이 우리에게 남는다.

쇼펜하우어를 열독했던 작가 모파상은 '파라노이아paranoia'라는 정신적 병리를 경험하며, '나'와 나를 뺀 나머지 물리적 세계 사이에 있는 신체의 '감각기관' 즉, 눈 코 입 등을 믿지 못했다. 만일 우리의 주관이 객관을 받아들이는 방식이 오로지 이 구멍의 신체기관에 의지한 것이라면, 그런데 만일 이 신체 기관이 불완전한 것이라면, 우리가 인지하는 객관 세계는 심대한 문제가 생긴다. 우리는 결코 이 세계를 알 수 없는 것이다. 하여, 그의 소설에 나오는 한 미치광이는 자신을 치료할 정신과 의사에게 이렇게 말한다. "저는 주변의 모든 것이 두렵습니다. 공기가 두렵고, 밤이 두렵습니다. 우리가 이 세상에 대해 거의 알 수가 없고, 그리고 모든 것이 끝이 없는 무한대인 이상."(모파상, 「어느 미치광이의 편지」)

쇼펜하우어는 이렇게 모파상이 공포를 느낀 나 밖의 세계를 추상적으로 또는 자각적인 의식 상태로 인식할 수 있는 것은 오로지 인간뿐이라고 말하며, 이런 물리적·비가시적·비인지적 세계를 '추상적 에고이즘'이라 명명한다. 그리고 이 추상적 에고이즘을 실제에 적용하여 자기 자신을, 더 나아가 자기 신체와 같은 물적인 세계만을 현실로 보는 것을 '응용적 에고이즘'이라 명명한다.

다시 한번 강조하지만, '의지와 표상으로서의 세계'는 고개를 들어 올려 무한한 저 세계를 바라보는 자세로 이해되는 게 아니라, 고개를 내리고 자기 자신을, 제 안을 들여다보는 자세로 이해될 필요가 있다. 전자가 도리어 고통을 준다면, 후자는 도리어 고통을 해소해주는 '에고이즘'의 역설! 내 안에는 무아無我보다 자아(에고)가 더 많은 것이 실상이므로, 차라리 저 멀리서 언제 올지 모르는 무아를 염원하느니, 이 자아(에고)를 더 들여다봄으로써 해체하고 용해할 것!

마찬가지 방식으로 쇼펜하우어를 읽으며 고개를 들어 먼 하늘을 바라보지 말고, 여러분 자신을, 여러분 자신의 몸을, 물 자체를 보기 바란다. 그리고 읽고 나서 이젠 이해했다 하지 말고, 행하는 일로 반드시 넘어가기 바란다. 원인을 들여다봄으로써 여러분의 문제를 해결하기 바란다.

이번 개정판을 내면서 다시 이 책을 면밀히 살펴보니, 이 책이 'I 진단하기', 'II 이해하기', 'III 적용하기', 'IV 내다보기'라는 구체적 수행 방식으로 편집된 것도 다 그럴 만한 이유가 있었다. 그렇다, 쇼펜하우어도 중요하지만, 쇼펜하우어의 방법론이 더 중요하다. 나를 진단하기, 나를 이해하기, 나를 적용하기, 나를 내다보기!

2023년 11월 30일
옮긴이 류재화

쇼펜하우어
행복은 농담이거나 완전무결한 환상

초판 1쇄 인쇄일　2023년 12월 29일
초판 1쇄 발행일　2024년 01월 05일

지은이　셀린 벨로크
옮긴이　류재화
펴낸이　정은영
편집　박서령 박진혜
마케팅　이언영 연병선 한정우 윤선애 최문실 이유빈
제작　홍동근

펴낸곳 | (주)자음과모음
출판등록 | 2001년 11월 28일 제2001-000259호
주소 | 10881 경기도 파주시 회동길 325-20
전화 | 편집부 02) 324-2347, 경영지원부 02) 325-6047
팩스 | 편집부 02) 324-2348, 경영지원부 02) 2648-1311
이메일 | munhak@jamobook.com

ISBN 978-89-544-4992-2(03160)

이 책은 2018년 당사에서 출간된 『괴로운 날엔 쇼펜하우어』의
개정판임을 밝힙니다.